重返帕米尔

追寻玄奘与丝绸之路

侯杨方 著

上海译文出版社

图书在版编目（CIP）数据

重返帕米尔：追寻玄奘与丝绸之路 / 侯杨方 著 . —
上海：上海译文出版社，2020.12（2023.6 重印）
ISBN 978-7-5327-8664-0

I. ①重… II. ①侯… III. ①帕米尔高原—考古—研究 IV. ① K928.6

中国版本图书馆 CIP 数据核字（2021）第 002064 号

重返帕米尔：追寻玄奘与丝绸之路
侯杨方 / 著
统筹策划 / 韩卫东　责任编辑 / 龚容
装帧设计 / 柴昊洲　封面绘图 / racoon　内文插图 / 朱春萌

上海译文出版社有限公司出版、发行
网址：www.yiwen.com.cn
201101 上海市闵行区号景路 159 弄 B 座
上海雅昌艺术印刷有限公司印刷

开本 720 × 1000　1/16　印张 14.5　插页 4　字数 100,000
2021 年 6 月 第 1 版　2023 年 6 月 第 2 次印刷
印数：10,001—12,000 册
ISBN 978-7-5327-8664-0/G · 227
定价：98.00 元

序

“丝绸之路”的名称虽然是1877年才由德国地理学家李希霍芬创造，但这一道路系统实际早已形成，对其在今新疆和中亚部分的明确记载则见于两千余年前的《汉书·西域传》：“自玉门、阳关出西域有两道：从鄯善傍南山北，波河西行至莎车，为南道，南道西逾葱岭则出大月氏、安息。自车师前王廷随北山，波河西行至疏勒，为北道，北道西逾葱岭则出大宛、康居、奄蔡焉。”

这段简洁全面的文字，明确记录了汉朝时名为西域南道、西域北道的交通干线以及所经的重要地标。除了众所周知的玉门关、阳关外，最重要的地标就是葱岭，即今天的帕米尔高原。葱岭是两条干线的交会处，其重要性不言而喻。这个名称在古籍中长期沿用，但具体状况往往语焉不详，或者显得神秘莫测。显然，在传世的有限记录中，多数并非亲历者的实录。就是亲历者，部分也是出于估计、推测、臆断、耳闻，甚至纯属想象。

现在帕米尔高原分属各国，边境管控严格，当代人不易走遍整个高原，更难以精准复原通过葱岭的古代交通路线的具体走向，它经过哪些山口、哪些河谷。曾经过葱岭的张骞、法显、宋云、玄奘、高仙芝、马可·波罗等人经历过何种险阻，目睹过哪些景象，我们只能凭或多或少的文字记载推测和想象。

侯杨方教授自2013年4月首次登上帕米尔高原，就确定通过实地考察和文献研究，精准复原丝路的宏大目标。迄今为止，这项考察已经进行了十几次，他的足迹遍布了境内外整个帕米尔高原，几乎踏遍了所有重要的丝路山口和河谷，所经之处都有精准的GPS定位与轨迹记录，并拍摄了大量的照片、视频。

每次考察前，他都阅读、钻研大量古今中外文献、地图，然后在现场考察检验、复原重建，在此基础上写就此书，用文字、地图与图像呈现给大众一幅帕米尔丝路的生动画卷。

在帕米尔丝路中，玄奘《大唐西域记》中的记录最完整翔实，最符合当时的地理状况，是精准复原丝路的主要线索。本书用真实的影像与实地考察的体验，重新诠释、还原了《大唐西域记》中帕米尔部分的真实情景以及玄奘的切身体验，而不仅仅是文字的校注、词句的解释和意义的疏通。

翻阅此书，我真羡慕侯杨方这代人的际遇。要不是改革开放，要不是国家对科研和高校的重视和投入，要不是科学技术的飞速进步，何来这样的机会？1982 年 9 月，我与周振鹤作为首批博士研究生，经学校特批去新疆考察，在公安部门办了三次边境通行证，从喀什搭乘货运车到塔什库尔干县，又花八十元（相当于我一个半月的工资，当时真担心这笔钱不能报销）租了县邮电局的一辆小吉普车才到了红其拉甫山口，终点只能在中巴界碑。我们唯一的装备就是从系里借的一个普通照相机，而我那时根本不会使用，多亏周振鹤给我留下几张黑白照片。

我也佩服侯杨方的勇气和毅力。他初登帕米尔高原时已四十二岁，比我到红其拉甫山口时还长了五岁，但体力充沛，精力旺盛，决心更大，信心更强。看了他与向导合骑一匹马冲过激流，成为考察队中唯一到达乾隆纪功碑遗址的一段记录，我不禁自问：要是我在现场，会冒这个险吗？尽管我曾是侯杨方博士研究生的导师，尽管我也号称到过地球的“四极”（南极、北极、阿里高原、乞力马扎罗），但在这方面只能自叹弗如。也正因为如此，我相信本书只是他同类著作中的第一本，绝不会是最后一本。

葛剑雄

庚子年端午节于上海浦东寓所

目 录

导 言

今日我所见，即昔日他所见

大唐贞观十七年（643 年），玄奘四十一岁，在印度潜心修习大乘佛法已有十五年。其间他在那烂陀寺学佛五载，又游历了印度各国，早已是印度佛教界享有盛名的高僧。他以雄辩令前来挑战的佛侣心悦诚服，以品格令沿途诸国国王引为知交，多次婉言谢绝诸王，尤其是戒日王拜为国师的美意，潜心授徒，研究佛法。

在佛国备受敬重的玄奘为何毅然决然地决定返回大唐？这固然如玄奘所说，他来到印度，是“为求大法，广利群生”，“愿以所闻，归还翻译，使有缘之徒同得闻见”，在回国后，他确实竭尽全力践行了诺言。但此外，促使他决定此时此刻回国的契机，也与一次梦中奇遇有关。这一梦境在他徒弟撰写的《大慈恩寺三藏法师传》（简称《法师传》）中有详细记载：玄奘游历归来，在杖林山“养徒教授”时，某天晚上突然梦见那烂陀寺一片荒芜，僧侣全无。疑惑中，一自称“曼殊室利菩萨”即文殊菩萨的金人出现在眼前，在金人的指引下，他看到那烂陀寺火光冲天，佛寺村舍尽为灰烬，金人明示他“可早归，此处十年后，戒日王当崩，印度荒乱，恶人相害，汝可知之”。说完，金人便消失得无影无踪。玄奘是虔诚的佛教信徒，这一梦境对他来说非常震撼，于是他决意东归。大唐永徽（650—655 年，唐高宗年号）末年，戒日王朝果然崩塌，印度饥荒，一如金人所告。

如果玄奘没有做出这一选择，再晚几年他就不会遇上唐太宗李世民，也就不会有《大唐西域记》的诞生，到了十九世纪末至二十世纪初的“大博弈”（The Great Game）时期，当欧洲著名探险家斯坦因、寇松、斯文 · 赫定等人行走在帕米尔高原上时，无疑会缺失强大的路线指引与精神动力。极富人格魅力的玄奘，不仅是这几位探险家的精神师友和偶像，甚至被他们尊奉为庇佑平安、赐予智慧的“守护神佛”。他们带着法译或英译本的《大唐西域记》，一次又一次踏上中亚的土地，对照书中记述的地理方位与地形地貌，踏勘一个又一个冰雪覆盖的山口，希望确认玄奘东归的路线。谁又能说，他们行走在大帕米尔宽阔的谷地上时，从未希冀过能与这位伟大的中国僧人穿越时空相见？

玄奘踏上了归国的旅途，世界即将迎来一部经典的问世。由于亲历者卓越的才华和智识，《大唐西域记》注定成为一部流传千古的名著。它记载了古代中原地区与外部世界，尤其是与中亚、西亚和南亚的交往，生动地描绘了当时东西方交通的繁荣画面，记录了中亚至印度一系列国家的风土人情。它详细地标注了每一段路线的里程、方位、地形地貌与气候状况，特别是罕有文字记载的帕米尔高原上的路线、水文、植被与气候信息，而帕米尔高原是东西方交通要道丝绸之路上海拔最高、路途最为艰险的路段。

在十九世纪之前，无论用于学术研究还是军事行动，《大唐西域记》都是一本极为实用的工具书。

《大唐西域记》中的许多记载堪称举世无双，如卷十二中描述的“波谜罗川”，玄奘不仅指出它是葱岭的一部分，而且准确地判断“其地最高也”。“波谜罗川”即“大帕米尔”，是帕米尔高原八个“帕”中面积最大、地势最宽阔、海拔最高的一个。这是历史上首次对“帕米尔”这一地理名词的精确记载与描述。

玄奘的《大唐西域记》光彩夺目，虽然在他之前和之后，法显、宋云、马可·波罗和高仙芝等人都曾走过同样的帕米尔道路，但影响力却远远无法与玄奘及《大唐西域记》相媲美。

《大唐西域记》的诞生，也缘于另一个与玄奘同时代的风云人物，即曾经下旨禁止玄奘出塞的唐太宗。从印度出发，历经两年多的风霜雨雪后，贞观十九年（645 年），玄奘终于抵达洛阳，受到了唐太宗的亲切接见。唐太宗要他将西域见闻一一记述下来。当时的唐朝，向北已攻灭了东突厥汗国，向西攻灭了高昌国，并在高昌设置了安西都护府，疆域远盛于玄奘西行之时。当时正在洛阳聚集天下兵马准备东征高丽的唐太宗，他的下一步计划是继续向西攻灭西突厥汗国。作为一名英明、成熟的军事家和政治家，走一步看几步，他迫切地想要了解第一手的西域信息，也就是玄奘将在《大唐西域记》中记载的种种。玄奘从来都不是一个迂腐的出家人，他与印度诸王始终保持着非常深厚的关系，也深知佛法的传播需要依托皇家的力量。他不负所托，仅用一年多时间，便呈上了这部言辞简洁优美、信息含量巨大的著作。

只要想到这位“第一读者”是何许人以及写作目的，就没有必要对《大唐西域记》内容的真实性产生任何怀疑。从它精确的描述中，也不难看出玄奘惊人的记忆力和良好的记录习惯。玄奘自幼喜爱游历，他与二哥旅居成都期间，便独自前往江南游学，在印度时同样如此。读万卷书、行万里路，在玄奘看来，旅途中所见的一切都是学识，阅读再多的著述，都不及具体感观认识来得真切、深刻。他对路线、方位的认知与表达，都达到了同时代的最高水准。

《大唐西域记》还形象地还原了当时沿途各地的社会生活风貌。在玄奘那个时代，唐朝与印度的海陆往来非常频繁。《大唐西域记》曾反映了这一盛况。曲女城法会之后，玄奘与鸠摩罗王、戒日王作回国前的道别，鸠摩罗王非常诚挚地问："法师准备向南走海路吗？我可以派使臣护送你。"玄奘因记着当年前往印度时与高昌王的约定，谢绝了鸠摩罗王的好意，决定依旧取道陆路回国。戒日王等印度诸王赠送他大量金银和一头大象，为他备好"过所"（通关文书），并派遣四名官员一路护送他到"汉境"。随后，玄奘跟随丝绸之路的商队穿越帕米尔高原和西域诸国，返回大唐。这一系列操作非常娴熟，显然章法早成。

一千二百多年之后，东方学在西方世界兴起，《大唐西域记》首次被介绍到西方文化界。1836年，德国学者朱利叶斯·克拉普罗特（Julius Klaproth）在巴黎出版了《玄奘的旅行》（*Aperçu du voyage de Hiouan Thsang*）一书（1834年柏林演讲稿），这是最早介绍玄奘的西方著作。《大唐西域记》最早的外文译本是斯坦尼斯拉斯·儒莲（Stanislas Julien）的法译本（1857—1858年）。此后，又有了塞缪尔·比尔（Samuel Beal）的英译本（1884年），因他是直译，后来的欧洲研究者大都采用这个译本作为原始资料。上世纪初，又有托马斯·沃特斯（Thomas Watters）的英译本（1904

年），较比尔的英译本，它又前进了一大步，但它采用的是意译，不宜作为原始资料。此后，日本学者也开始致力于《大唐西域记》的研究。

东方学大热又与英俄“大博弈”的政治背景相辅相成。十九世纪，大英帝国与沙皇俄国争夺中亚的控制权产生战略冲突，开始了近一个世纪的“大博弈”，因此当时有着“地球上最后一块处女地”和“世界屋脊”之称的帕米尔高原显得更加神秘，欧洲的地理学家与东方学者或以文化考察，或以探险的名义，先后前来探索这片神秘的土地，但同时也负有军事使命。这些牛人的名字为后人所熟知：斯坦因、斯文·赫定、寇松……

《大唐西域记》以其非凡的地理学成就，成为炙手可热的文献资料，也令玄奘成为这些体魄强健、意志刚强、学识渊博的欧洲探险家们膜拜的偶像。

以盗买大批敦煌文书“著称”于世的英国人马尔克·奥莱尔·斯坦因(Marc Aurel Stein)，是西方学界声誉卓著的考古学家、地理学家、语言学家、艺术史家与探险家。1900年，他第一次踏上中亚的土地。1931年，当第四次也是最后一次怀揣《大唐西域记》来到帕米尔高原时，他已年近七旬。四次考察让他留下了《古代和田》(*Ancient Khotan*)、《西域考古记》(*Serindia : Detailed Report of Explorations in Central Asia and Westernmost China Carried out and Described Under the Orders of HM Indian Government*)、《亚洲腹地》(*Innermost Asia : A Detailed Report of the Explorations in Central Asia, Afganistan, Iran, Tibet and China*)、《沿着古代中亚的道路》(*On Ancient Central-Asian Tracks: Brief Narrative of Three Expeditions in Innermost Asia and North-Western China*)等地理学名著，他曾说“玄奘是我的中国守护神”。

在十八至十九世纪之交抵达帕米尔的西方人中，社会地位最高的当数后来出任英属印度总督、外相，仅与英国首相职位差一步之遥的乔治·纳

1

斯坦因和他的爱犬达什（Dash）在塔里木盆地考察

2

考察中的斯文·赫定

撒尼尔 · 寇松（George Nathaniel Curzon），他是著名的探险家与政治家，也是前些年红极一时的英国电视剧《唐顿庄园》中男主人公的原型。他出版了《帕米尔以及奥瑟斯河的源头》（*The Pamirs and the Source of the Oxus*）一书，记录了帕米尔高原，尤其是瓦罕谷地的地理风貌，并通过实地考察确认了中亚最大的河流——阿姆河（即希腊语 Oxus）的源头。

他们的到来或多或少背负着与时代难以剥离的特殊使命，但作为职业探险家，毫无疑问，他们对当时神秘而壮丽的帕米尔高原都充满热爱与向往。

帕米尔高原拥有高耸入云的雪峰、纵横交错的宽谷以及奔腾咆啸的大河，从它体内发源的河流，哺育了璀璨悠久的文明；它看似荒芜的地表，埋藏了无数文化交流的痕迹，记录了一队队商旅的足迹……

帕米尔高原是普通人望而却步的险境，却是探险家们心向往之的乐园。

对于玄奘这样一个喜欢挑战与体验、精力充沛、乐见沿途风土人情的人来说，这不该是一次艰苦的旅程，而是一场“快乐”的行走。他曾翻山越岭、历尽千难万险前往印度，没有丝毫惧意；返回时，仍然选择艰难的陆路而非海道。即使在波谜罗川上经历了“寒风凄劲、春夏飞雪、昼夜飘风”，玄奘也始终不悔，书写出了《大唐西域记》中最华彩的一节。

无独有偶，斯文 · 赫定也曾在冬天独自一人翻越大雪封山的萨雷阔勒岭 (Sarykol Range)，偷渡到俄国控制的郎库里帕米尔（Rangkul Pamir）与穆尔加布 (Murghab)，一段时日后又偷偷翻越回来，只有一条右后腿绑着绷带的瘸腿狗与他相伴。寇松曾在少年时期摔下马背，脊柱严重受伤，常常在行走中疼痛得昏迷过去，但这也无法阻止他在荒原和高山中一走就是几百英里，直抵亚洲腹心，到达帕米尔高原阿姆河源头冰川的脚步。

在强者的眼中，帕米尔高原上的旅行显然刺激、浪漫而又充满激情。

不消说这些名人，我在穆尔加布遇见的两名追寻玄奘与高仙芝足迹的日本老人，也是满腹浪漫情怀，一次又一次地投入帕米尔的怀抱。

帕米尔高原是美的，它既有高山阔谷的粗犷，也有杏花春雨的温柔。2011 年夏，我初登帕米尔，就被它那令人惊叹的美丽深深吸引。站在石头城上，西侧是巍峨的萨雷阔勒岭，东侧是鲜花开遍的草原，漫流的徙多河（今塔什库尔干河）在牧民的帐篷边欢畅地流淌，白雪皑皑的“冰山之父”慕士塔格峰矗立在远方……这一切令我深深地陶醉。从那时起，我就开始了“玄奘东归路线之帕米尔段”的研究。我一直坚信，学术应当从审美开始，并以审美结束，这样才是最好的研究，学术成果本身也应当具有审美的意义。

斯坦因、赫定等人的身影从帕米尔高原上淡去已近百年。一百年来，这个曾经喧嚣一时的地域再度陷入沉静。翻开他们的著作以及十九世纪西方人的探险报告，对照《大唐西域记》提供的方位，借助当今现代化的“全球地理定位”（GPS）与“地理信息系统”（GIS）技术、大比例尺地形图以及卫星遥感图，我在研究中意外地发现，这段路线始终未曾被“精准复原”，人们至今也没有确定玄奘走的是哪一条山谷，翻越的是哪一座山口；而且，即便是上文提到的西方探险家，也都曾犯下不可思议的错误。当斯坦因历尽艰险走到齐奇克里克高原”（Chichikilik Plateau）时，他曾骄傲地感慨“眼前所看到的一切，与玄奘对这里的描述是多么吻合”，并至死都认为这就是玄奘走过的“奔穰舍罗”，无论如何一直到四十年后去世，他都不再思考。玄奘其实是从石头城出发，先是“东南行三百余里”至大石崖，再从“大崖东北行二百余里”至奔穰舍罗。如果玄奘去齐奇克里克，恰恰是从石头城直接往东北方向进发。斯文·赫定则忠实地在书中记载了当地人说过的“石头城东南有一个山口”，认为玄奘是由此经过，但他没有亲自去走一趟，而

时任印度总督的寇松（Curzon）和美国籍夫人玛丽（Mary）在印度猎虎，
他们是《唐顿庄园》男女主人公的原型

是随手在他著名的中亚地图上画了一条东南行的弧线，可惜这与实际路线相去甚远。国内的一些研究者也忽视了《大唐西域记》中的地理方位与地标的线索，误判了玄奘归国的山口与路线，比如，他们曾将“东南行”归国的山口定为明铁盖山口（Mintaka Pass），并在此地立碑，现在又要将这块碑移到基里克山口（Kilik Pass），这仍然与玄奘记述的方位南辕北辙。

“纸上得来终觉浅，绝知此事要躬行。”

我一向不满足于从书斋到书斋、从纸面到纸面的研究。国内对丝绸之路帕米尔高原段的实地研究一向阙如，即使有少数研究涉及这个方面，也是表述含糊，错误频现，这正是缺乏实地考察所致。在解读了大量中外文献并做了充分的前期论证准备的基础上，2013 年 4 月至今，我策划并率领“复旦大学丝绸之路考察队”先后十余次奔赴境内外的帕米尔高原（包括国内外边境的军事禁区）考察，足迹遍及所有重要的山口与河谷，精准复原了丝绸之路帕米尔段的主要路线，采集了海量的影像与 GPS 数据，“玄奘东归路线”即其中的一条。2014 年 5 月，在此基础上研制的《丝绸之路地理信息系统》上线，呈现了丝绸之路帕米尔路段精准复原的多条主要路线，上传了重要地标的影像，并不断将考察结果上传更新。

学术研究是为了让人们能够更真切地接近历史。李白诗里吟唱“古人今人若流水，共看明月皆如此”。试想当你踏上高远壮阔的帕米尔，眼前看到的景象和玄奘千年前看到的一样，发出“今日我所见，即昔日他所见”的感叹，该是何等的豪迈！

大唐贞观十七年（643 年），从印度取经东归的玄奘，跟随商队抵达了睹货逻国故地诸国之一的“活国”（“睹货逻”即“吐火罗”，位于今阿富汗北部，“活国”为今阿富汗昆都士 Kunduz）。玄奘这次是故地重游，十五年

慕士塔格阿塔 侯杨方拍摄于 2011 年 7 月 31 日

前的贞观二年（628 年），他经铁门南下，到达“睹货逻国故地”。当年曾派人护送他的霸主西突厥统叶护可汗，早在他离开不久便已遇刺身亡，因此再无必要绕道碎叶重见故人，于是选择了从此处东行，翻越帕米尔高原回国，“逾岭越谷，峡路危险”，抵达位于喷赤河（Panj River）由西转向北流大拐弯处的伊什卡希姆（Eshkashem），“从此东入葱岭”，进入玄奘取经东归大唐旅途中最为艰险的一段——帕米尔高原。

第一章

告诉你一个真实的玄奘

真实的玄奘会颠覆人们一直以来的固有印象。他是《西游记》中那个孱弱、昏庸、人妖不分的唐僧吗？显然不是。现实中的他是知识渊博、聪明睿智、情商极高的学者，是体魄强健、意志坚强的探险家、地理学家，更是爱憎分明、言辞犀利的率性美男子。除此之外，他还擅长交际，爱听、爱传八卦，对传奇故事有着浓厚的兴趣……

不得不说，通俗小说和电视剧的传播与教化能力确实强大，很多人对玄奘的印象来自吴承恩的小说以及1986年播出的同名电视剧《西游记》。这些通俗的作品带给人们一个温文尔雅、固执懦弱、是非不分的文人加僧人的形象，然而，这与真实的玄奘相去甚远。

第一节
聪慧而勤奋的学霸

玄奘自幼聪明有教养，“幼而珪璋特达，聪悟不群”，“又少知色养，温清淳谨”[1]。八岁时，父亲坐在几案旁向他口授《孝经》，讲到“曾子避席”，玄奘忽然整理衣衫站起身来。父亲不明原委，他解释道：“曾子听到老师的教诲后避席而立，我今天尊奉父亲的慈训，怎么能够安坐呢？”父亲听了很高兴，知道他将来功业必有所成，于是召集家族众人，遍传此事。众人都祝贺说：这是您的“扬乌”[2]。从那以后，玄奘熟读经典，爱古尚贤，非雅正之书不读，非圣贤之风不学，不与幼童为伍，不与市井之徒结交，即使门外钟鼓嘈杂，歌戏大作，大街小巷士女云集，他都不会多看一眼。

父母过世以后，已在东都洛阳净土寺出家的二哥陈素将玄奘带在身边，开始教他佛教知识，为将来出家做准备。玄奘天资极高，进步神速，十一岁时就能口诵《维摩经》《法华经》等。他十三岁时，隋朝的大理寺卿郑善果受皇命在洛阳收度一批僧人，他因年幼未能入选，失落地站在公门之外。郑有识人慧眼，看到他便深感惊奇，问答几句后，“深嘉其志，又贤其器貌”，将他特别录取。

出家之初，寺里有一位景法师讲《涅槃经》，还有一位严法师讲《摄大乘论》，玄奘都听得非常入迷，听一遍就基本能记住，两遍之后已经完全通晓。众人惊异不已，让他登座复述，玄奘剖析深入，抑扬顿挫，几乎和老师别无二致。

当时正值隋末大乱，玄奘兄弟二人逃难到长安，但长安同样兵荒马乱。二人又听说许多著名的法师都避居四川，便经由汉中入蜀。玄奘一生过的都是勤奋的生活，途中他仍跟随空法师和慧景法师研读《阿毗昙论》《摄大乘论》等。

兄弟二人在成都逃难的三年里，住在空慧寺，听道基法师讲《阿毗昙论》，听宝暹法师讲《摄大乘论》，听道振法师讲《迦延》，数年内便熟习佛学各部学说。兄弟两人无论是佛经还是儒、道二家经典，都兼修并蓄，人品又好，深受蜀人钦慕。唐武德五年（622 年），玄奘在成都受具足戒，正式成为一名佛教僧人。随后，他不顾兄长的劝阻，乘船沿江下行，前往荆州、扬州、赵县、安阳诸地游学，武德八年（625 年）才又回到长安。在长安期间，他经常与两位高僧辩论，前辈对他大为赞赏，说："你可谓是佛门千里马，将来成就不可限量，可惜我们这些老朽见不到了！"从此，他誉满京城。

中国近代著名的佛教学者汤用彤曾说："计玄奘大师在国内受学十三师，俱当世名宿。大师学之弘深，盖可想知"；又说："其未西游以前，几已尽习中国之佛学。"

唐贞观十五年（641 年），在玄奘即将离开印度返回大唐时，他迎来了人生中最为辉煌的一次辩经。戒日王在都城曲女城举办盛大的宗教集会"曲女城大会"，请他登坛讲经，以示大乘佛法的精妙。这场大会印度佛教才俊云集，盛况空前。印度十八国国王，大小乘僧三千余人，婆罗门及尼乾子外道僧两千余人，

1（唐）慧立等著：《大慈恩寺三藏法师传》，北京：中华书局，1983 年标点本，第 5 页。

2 扬雄之子，少年聪慧。

那烂陀寺僧人一千余人到场。

这场辩经的规矩是“若其间有一字无理，能难破者，请斩首相谢”，玄奘连续讲了十八天，任人问难，但六千余名僧众，无一人能予诘难。辩经结束后，戒日王请玄奘乘大象四处游行，庆贺他的成功，一时间名动天下、光耀夺目。

玄奘最过人之处，在于他不为外物所动。经历过曲女城的风光，他依然选择冒险回国，并在从贞观十九年（645 年）五月到麟德元年（664 年）正月他逝世前一个月的十九年里，率领一众学问僧进行了我国佛教史上最著名的一场翻译事业。《大慈恩寺三藏法师传》（以下简称《法师传》）写他“专务翻译，无弃寸阴”，每天二更后才停笔，三更睡下，五更又起。这样的工作强度，产出惊人。据《开元释教录》记载，玄奘翻译的经书共达 75 部，合计 1335 卷，若将《大唐西域记》计算在内，就有 76 部，1347 卷之多[1]。不仅数量巨大，而且质量超群。在玄奘之前，佛教经书的翻译是先依着梵文的语序直译出来，再按汉语的习惯句法翻译，后由译者理顺文句，当中往往增删，有违本意。但玄奘不同，他精通梵文，本人又极聪颖，所以“今所翻传，都由奘旨，意思独断，出语成章，词人随写，即可披玩”[2]。

1（唐）智昇：《开元释教录》卷 8。

2（唐）道宣：《续高僧传》卷 4。

第二节
个性鲜明、言辞尖锐的美男子

玄奘无疑是个美男子，这是有遗传基因佐证的。由他的徒弟撰写的《法师传》对玄奘父兄的样貌着墨不少，如玄奘的父亲陈慧“美眉明目”，二哥陈素“风神朗俊，体状魁杰，有类于父”等等。

虽然父兄如此，但毕竟不是直接证据。有学者认为没有一本史书直接描写过玄奘的相貌，事实并非如此，《三藏法师传》里就非常清楚地写着“（盗贼）见法师仪容伟丽，体骨当之”。可见，玄奘不仅相貌不凡，而且风度翩翩，气质佳绝。

玄奘六十二岁去世时，徒弟感念法师“**形长七尺板，身赤白色，眉目疏朗，端严若塑，美丽如画，音词清远，言谈雅亮**”。（《三藏法师传》卷十）这是否有所夸张？可能略有美化，但也不可能过于夸张，因为传记写成时，见过玄奘的人还很多。在一个佛教盛行的国家，对出家人的人品与信誉还是要有信心的。不过，唐代的一尺相当于现在的 30 厘米，难道玄奘身高超过了 2 米？我认为此处的“尺”应是汉代旧制，一尺相当于现在的 24 厘米左右，因此玄奘的身高大约在 170 厘米左右。

但需要说明的是，现在非常流行的一幅所谓玄奘画像，背着背篓，手拿拂尘，腰系长剑，此人根本不是玄奘，甚至不是一个中国人，而是一位日本镰仓时期的僧人。

因为自己形象甚好，又秉持东方人的审美标准，所以见到沿途各国相貌各异的人种，玄奘毫不掩饰他的鄙夷之情，并在《大唐西域记》里言辞犀利地一一指出。

比如，玄奘从睹货逻国故地的“活国”抵达伊什卡希姆的途中，听人说起过一个叫“尸弃尼”（Shi-K’i-Ni）的国家，便将它描述了一番，极尽嫌弃之能事：

> 尸弃尼国，周二千余里，国大都城周五六里。山川连属，沙石遍野。多宿麦，少谷稼，林树稀疏，花果寡少，气序寒烈。风俗犷勇，忍于杀戮，务于盗窃，不知礼义，不识善恶。迷未来祸福，惧现世灾殃。形貌鄙陋，皮褐为服。（《大唐西域记》卷十二）

“尸弃尼国”是睹货逻国故地诸国之一，在达摩悉铁帝国（Tamsthiti，今阿富汗斯坦、塔吉克斯坦交界的瓦罕谷地）越过大山向北之地，也就是今什克南（Shugnan），位于塔吉克斯坦帕米尔高原西部、巴达赫尚省以及什克南地区的首府霍罗格（Khorugh）一带，我的考察队曾到过此处，下文会有详细介绍。抛开别的不谈，仅玄奘翻译该国国名选的这三个字“尸”“弃”“尼”，就足已暴露他满满的不屑之情。

当地人真的如玄奘所说那样不堪吗？一千多年过去，我在霍罗格的感受完全不同。当地人自称“什克南人”，是白种塔吉克人的一支，年轻女性大都是瓜子脸、高鼻梁、深眼窝、大眼睛的美女，男性虽略逊一筹，但也不乏帅哥。

千百年来，当地的主要居民并没有根本性的变化，可见玄奘的判断只是审美标准的不同。

也许是道听途说，传闻有错？现在很难确定，但《大唐西域记》记载的玄奘游历过的一百多个国家中，除了现印度境内的以外，其余各国民众几乎都被他鄙视嫌恶："风俗刚烈，容貌鄙陋""人貌粗弊，既瘿且尰""人性犷暴，俗无法度""俗无礼义，人性犷暴，形貌鄙陋""俗多诡诈，礼义轻薄"……所以，可令尸弃尼国居民聊以自慰的是，其他睹货逻国故地分裂出来的小国，同样也难逃噩运，被描述为"其俗则志性恇怯，容貌鄙陋，粗知信义，不甚欺诈"，即说人胆怯，相貌丑陋猥琐，只是不大奸诈而已。

玄奘去程就开始吐槽。翻过他称为"大雪山"的兴都库什山（Hindukush Range），到达位于今阿富汗南部的滥波国以后，玄奘写道："人尚歌咏，志性怯弱，情怀诡诈，更相欺诮，未有推先。体貌卑小，动止轻躁"；经过今巴基斯坦白沙瓦的健驮逻国后，他写道："人性恇怯，好习典艺，多敬异道，少信正法"；他听闻位于今巴基斯坦北部斯瓦特河流域的乌仗那国时也没说什么好话："人性怯懦，俗情谲诡。好学而不功，禁咒为艺业"；他还听人说再向北的位于今吉尔吉特的钵露罗国"人性犷暴，薄于仁义，无闻礼节。形貌粗弊，服毛褐"。

但是，一遇到心中所爱，他马上换了一种口气。到达今印控克什米尔的迦湿弥罗国以后，评价开始一百八十度大逆转，称赞当地人"容貌妍美"，不过，当地的社会风气还是不行，"土俗轻僄，人性怯懦，情性诡诈"，虽然"好学多闻"，但"邪正兼信"，头脑不太好使，不分邪恶与正义。

审美观人人不同，但玄奘显然带有强烈的偏见，这在他与支持并赞助他西行取经的西突厥统叶护可汗的对话中就表现得十分明显。统叶护可汗曾劝他不要去印度，理由直接明了：“**师不须往印特伽国（即印度）。彼地多暑，十月当此五月。观师容貌，至彼恐销融也。其人类黑露，无威仪，不足观也。**”（《三藏法师传》卷二）统叶护可汗认为印度天气酷热，玄奘去后或许会被热化，而且印度人长得黑便罢了，还喜欢裸露，相当不体面，没法正眼看。

但是，玄奘却不以为然，不但如此，还对印度诸国不吝溢美之辞。

有少数国家玄奘没有说过坏话，原因也很简单，因为这些国家“文字宪章，聿遵印度”。毋庸置疑了，印度的一切就是玄奘的审美标准，他对自己的崇拜丝毫不加掩饰。

喜欢就热情似火，不喜欢就冷漠似冰，态度鲜明，足见玄奘个性真实率性。

第三节
坚强的意志和强健的体魄

可能受到中国传统“万般皆下品，唯有读书高”认知的影响，很多介绍玄奘的书籍中，只着重介绍他渊博的学识，却忽略了其他优秀品质，尤其是意志和体能。试想，玄奘决意前往印度时，对路途中的艰辛必然是做过深入调查的，聪明如玄奘，如果不事先磨练自己的意志，做好充分的体能储备，怎会贸然拿性命去冒险？

唐武德九年（626 年），随着玄奘对佛学研究的深入，他发现有很多问题找不到答案，于是“誓游西方，以问所惑”。玄奘原本并不是想单独出行，但因递交了申请被“下诏不许”，其他人都打了退堂鼓，只有他一人不肯放弃。既然要一个人面对西行途中的各种艰难险阻，玄奘就准备先考验一下自己的意志和体能。所以，他一边苦学西域各国和印度的语言，一边设计了种种恶劣环境挑战自我，等这些考验一一通过之后，才决定出发。

可以说，意志力是《西游记》里的唐僧表现得最为正面的品质之一。据《法师传》记载，当玄奘独自走到凉州（今甘肃省武威市）时，一个胡人老翁劝他不要继续前行，告诫他西去的道路险恶遥远，阻碍重重，不是沙漠，就是大河，还有鬼魅热风，很多结伴而行的人都迷路走失了，一个人更不可能成行，还是别拿自己的性命开玩笑了。

但玄奘的态度十分坚决，他说："若不至婆罗门国，终不东归。纵死中途，非所悔也。"（《三藏法师传》卷一）

当时长安往西的交通十分繁忙。凉州是河西的大都市，连接着吐蕃和葱岭以西的西域诸国，商旅往来频繁。但因途中地理和气候条件恶劣，西行风险很大，能在这条路上走下来的人，必须得同时具备以下几个条件：聪明、身体好、运气好，所以一般人若是有固定工作，绝不会冒这份险。像玄奘这样执着于精神追求的，着实非常罕见。

由于是偷渡，最初玄奘不得不昼伏夜行，冒着极大的风险绕过边防。他到达长达几百里、号称"沙河"的莫贺延碛（大致在今星星峡以西至哈密市东南的长流水之间），这里不仅没有水草，甚至嗅不到一丝生命的气息。不幸的是，玄奘又不慎打翻了水袋，四夜五天滴水未进，险些干渴而死。直到第五天有凉风吹来，他体力稍振，找到了水源，这才脱离死亡的威胁。一般人遇到这样的生命威胁，是不是大都会后悔莫及，调头回去？但玄奘丝毫没有这样想。

更大的艰险还在后面。在从揭职国东南越过大雪山（即兴都库什山）时，道路极其难行。在《大唐西域记》和《三藏法师传》中都有生动真切的描述：

> 东南入大雪山。山谷高深，峰岩危险。风雪相继，盛夏合冻。积雪弥谷，蹊径难涉。山神鬼魅，暴纵妖祟。群盗横行，杀害为务。（《大唐西域记》卷一）
>
> 在（大）雪山中，途路艰危，倍于凌碛之地，凝云飞雪，曾不暂霁。或逢尤甚之处，则平途数丈……（《三藏法师传》卷二）

寥寥数语，途中艰险跃然纸上。如果没有强健的体魄，仅靠意志，个人无论如何也无法完成这段艰难的旅程。玄奘一路跟随商队东归，进入大帕米尔时，正值春夏之交，天气尚寒，离开时，已是初秋大雪封山的前夕。以当时商队的速度，横越帕米尔大约需要三个月，途中不仅要穿越海拔超过四千米的大帕米尔，还要翻越海拔达 4939 米的“大石崖”坎达尔山口 (Kandear Pass)。

穿越大帕米尔时，玄奘看到“据两雪山间，故寒风凄劲，春夏飞雪，昼夜飘风。地碱卤，多砾石，播植不滋，草木稀少，遂致空荒，绝无人止”，这与我们考察队在 2013 年和 2014 年夏季所见所感别无二致。2014 年 8 月下旬我带领考察队经过大帕米尔时，就曾意外遭遇暴风雪。

玄奘要翻越的坎达尔山口，位于石头城以东的瓦恰乡（石头城位于今新疆喀什地区的塔什库尔干县城），这是他旅途中经过的海拔最高的山口。由于山崖陡峭，海拔太高，他和商队必须在一天之内翻越，才能抵达山口对面的谷地。

2014 年 8 月，我带领考察队曾试图徒步翻越坎达尔山口。当天下午，我们乘车来到海拔 3800 米处的山坡后，跟随一个牧羊人开始攀登。初时，山体坡度尚缓，但很快变得越来越陡峭，空气也逐渐稀薄，需要不时停下来休息。到达雪线之后，厚厚的积雪基本将路面覆盖殆尽，只能尽量选择突出于雪面的石头借力或踩踏，但更多时候根本无从选择，只能一脚踏进及膝深的雪中，这种在高海拔踩空的失重感让人十分不适，同时从积雪中拔出腿来也十分困难。山坡的斜度可能达到了 30 度，在凛冽的山风中倚石休憩时，远眺山下，常有仰倒滚落山崖的恐惧感。遗憾的是，上升至 4800 米处时，天气突变，天空中乌云密布，向导担心大雪将至，下山危险，我们不得不中断行程。这高度 1000 米的攀登，我们花了大约四个小时，而坎达尔山口还在一公里之外。根据以往翻越山口的经验，这最后一公里因海拔太高，积雪难行，可能至少需要一到两个小时。遥想当年，玄奘与商队天亮启程，从驻地出发，抵达山脚下开始攀登，行走的里程、消耗的时间和体力数倍于我们，其间可能还要经历风雪急袭。所以玄奘的体力和意志力着实令人敬佩和慨叹！这一天的艰难旅程，想必也会成为玄奘一生中最难忘的记忆之一。

第四节
喜爱旅行和八卦的天性

读万卷书，行万里路。玄奘无论出国前还是到印度以后，都非常热爱游学。他和兄长在成都避难三年后，就执意独自外出游学。在印度时也是如此，他在那烂陀寺潜心学习五年后，便开始周游印度半岛各国，到各地交流学习佛法，每到一个国家就停留一段时间，短则半月、两三个月，长则一两年，前后一共行走了五年。

从《大唐西域记》里我们可以很清楚地判断出，玄奘不是一个死读书的人，他非常喜欢和人聊天，听沿途居民或商队朋友讲故事，或者说爱听“八卦”，这样他不仅能收集佛教故事，便于日后向百姓传播，也能了解所到之处的风土民情，接触当地社会，帮他度过枯燥乏味的旅途。

《大唐西域记》言辞优美、笔法简洁，多数段落仅寥寥数行，便记录了所经国界以及都城面积、地形地貌、气候物产、人文习俗等，段落末尾，往往着笔于当地佛教的传播状况。有些段落则明显丰腴，以洋洋洒洒数百字讲述当地的佛教传说或者神怪故事，有人物、有情节，甚至奢侈地通篇使用直接引语，表述极富现场感。可以想见，玄奘对这些故事的记忆有多么深刻，他当年与弟子讲述时，又是多么绘声绘色。在漫长而枯燥的旅程中，这些趣闻滋润着商队与玄奘的生活。

帕米尔高原上的故事大多发生在富庶的农业区，如瓦罕谷地、瓦恰、塔什库尔干河谷等，这些地方海拔略低，气候适宜，河水漫流，人口聚集，是古代文明聚集、碰撞、交汇与融合的区域。

2014 年 8 月，我带领考察队到达塔吉克斯坦与阿富汗交界的瓦罕谷地（Wakhan Valley），时值夏收，居高远眺，田野里一片金黄，农人正弯着腰忙于耕种，耕牛缓缓踱步而过，渠水清澈见底，欢快地流淌，一派世外桃源景致。这里是古代丝绸之路上的重要补给路段，水量充沛的喷赤河和绿洲在此地孕育出许多文明古国，《大唐西域记》中记载的达摩悉铁帝的都城昏驮多、十九世纪瓦罕国的都城喀拉喷赤（Qila -e Panja），遗址至今可见。

玄奘路过瓦罕谷地时，当地佛教寺院已然寡少。他在书中描绘了这一景象，并记录了此地信奉佛教的故事由来。故事中的国王在见识到佛教僧侣的法力无边后，毅然放弃原有信仰，改尊佛法。

玄奘翻越排依克山口 (Beik Pass)，到达现国境内的朅盘陁国（Kie-pan-to，位于今新疆喀什塔什库尔干县，以下简称“塔县”），看到了孤立危崖的“公主堡”，并听到了“汉日天种”的传说，一个关于朅盘陁国的开国传说。

《大唐西域记》中此类故事不胜枚举，如大石崖上有石窟，那是当地高僧圆寂后的藏身之所，历经七百年不但肉身不朽，甚至须发、指甲仍在生长，当地僧人每年还要上去为他们修剪……

这种种记录表明，玄奘定然不是一个不苟言笑的呆板和尚，他应该是一位通达人性、富有情趣之人。

他的“人情味”在《大唐西域记》的许多细节里还有体现，有些地方虽然只有寥寥数笔，却更加彰显人性，值得细细推敲。

著名的曲女城法会后，玄奘向戒日王与鸠摩罗王辞行，准备回国。鸠摩罗王以“建造百寺”挽留，也未能让他回心转意。二王命人拿来金银珍宝，赠予玄奘作为旅费，玄奘都不曾收下，只接受了一件鸠摩罗王的曷剌釐帔，拟在路途中防雨之用。行前，二王又赠予了玄奘大量金银。

归路迢递，旅费固然重要，但哪有一件风雨衣来得有情有义？

玄奘是个顾念旧情的人，所以才会在十七年后还谨记去程路上与高昌王麹文泰“还日相过”之约。当初麹文泰堪称他的知己与恩人，在他西行最危难之时，与他结为兄弟，并以丰厚的馈赠助送他前往印度。因此，他婉言谢绝了鸠摩罗王走南海海路的建议，重走陆路，他要履行诺言，返回高昌与老友一会。

当玄奘来到佉沙国（都城故址即位于今新疆喀什市），准备走北道去见麹文泰时，才听到一个悲惨的消息，高昌国已经灭亡，麹文泰已死。于是，他没有继续沿着出国时走的北道回国，而是不惮费力，转而南下，取南道东归。这也显露了他对外界充满好奇心、不走寻常路的一面。

第二章
“葱岭”和“帕米尔”

自从智人走出非洲，地球上就有了人类走的路，可能也就有了地理学家。当然，这一名词的内涵随着时间的推移在不断地丰富。最早，他们是一些对道路、里程、地形地貌有特殊辨识能力的人，后来则陆续懂得使用各种符号记录零散的地理信息，有了文字之后，对地理信息的记录则更加综合、复杂。这些人和他们的名字早已湮灭在历史的尘埃中，但是他们曾经亲眼所见的地形、地貌却不会轻易改变，一如葱岭和它的那些道路。

第一节
“葱岭”因何得名？

中国古代有很多内容流传下来但作者姓名已不可考的奇书，《西河旧事》就是其中一本。不少著名的史书如《汉书》和《史记索隐》都引用过它的内容。著名的匈奴民歌“**失我祁连山，使我六畜不蕃息，失我焉支山，使我嫁妇无颜色**”（《史记》卷一百一十），也是由此书记载。它还记录了中国大量的古地理位置，包括西北的焉支山、祁连山等，尤其第一次对葱岭，即帕米尔高原有了形象的描述：

葱岭在敦煌西八千里，其山高大，上生葱，故曰葱岭也。

这句话里包含了丰富的地理信息。“八千里”，汉制一“里”大约相当于现在的 415.8 米，8000 里约等于 3326.4 公里。按谷歌地图提供的路线，从敦煌走高速公路到达位于帕米尔高原上的新疆塔县县城，即石头城所在地，大约是 2400 公里。古代行走的路线与现代公路不同，路程上会更长，所以《西河旧事》的记载有一定的准确性。之所以以敦煌为起点计量至葱岭的距离，是因为敦煌境内有玉门关、阳关这两座不仅在地理上，更是精神上的重要关隘，它们与葱岭并列为丝绸之路上最重要的地标。

玄奘笔下的葱岭“东西南北各数千里，崖岭数百重，幽谷险峻，恒积冰雪，寒风劲烈”，是对帕米尔高原形象、准确的描述。从地理上讲，帕米尔高原是位于亚洲中部的大高原，横跨中国、塔吉克斯坦、巴基斯坦、吉尔吉斯斯坦和阿富汗五国边境，上个世纪中期以前，“世界屋脊”一直是它的专称。它不单单是一座高大的山岭，或类似于青藏高原的高原，而是由众多高山和巨大的山结组成。天山、昆仑山、喀喇昆仑山、兴都库什、喜马拉雅山五大山脉会集于此。世界第二高峰乔戈里峰（海拔 8611 米），也就是比珠峰还难爬数倍的 K2，是帕米尔高原的最高峰。高原平均海拔在四千米以上，冰雪覆盖的高山与河谷纵横交错，当年的丝绸之路正是从这些宽阔的谷地中穿过。

国际空间站的宇航员拍过一段帕米尔高原的视频，看过只能惊叹玄奘的观察、记录之精准。

由于帕米尔高原在地面上的突然抬升，给远道而来的人们带来了非常特殊的视觉感受。从喀什或莎车出发向西，走到距帕米尔高原约一百公里的地方，便会看到远方出现一堵跨度极宽的高大冰雪墙壁，对于行走在丝绸之路上的商队，它是个非常显著的地标。我想经行此处的商队见到此情此景，每个人心中都会跳出两个字：葱岭。

当人们置身于帕米尔的怀抱中时，会不由自主地发出许多感慨。完全在中国境内的帕米尔最高峰公格尔山海拔 7649 米，它与公格尔九别、慕士塔格峰并称“昆仑三雄”。夏季帕米尔高原上草场青绿、鲜花遍野，空气通透明净，视野开阔。站在苏巴什草原上，远眺这三座雄伟壮丽的雪山，顿

5

帕米尔高原太空航拍照

6

兴都库什山脉和喷赤河谷，又称瓦罕谷地

觉天高地远，心旷神怡。

2013 年夏季，我率领考察队从塔吉克斯坦穿越大帕米尔，前往瓦罕谷地。有天夜间，我们在悬崖公路上与帕米尔河一路相伴前行，左侧巍峨高大、直抵天际的山体在黑暗中如同一个巨大的屏障，这就是很多人在中学地理课本中知道的兴都库什山。当一个书本上的地理名词突然变成实体出现在眼前时，所带来的震撼是非常大的。

虽说《西河旧事》的作者可能并未亲自到过帕米尔高原，但上文已证明，他的表述具有一定的准确性。那么这位佚名作者曾提到葱岭因“葱”得名，是否也是有凭有据？葱岭上的葱，究竟是否存在？

我第一次到帕米尔高原时，就曾留心观察并向当地人询问有无野葱生长，但不得其解。不过，这也是一个答案，说明野葱在这里并没有多到无处不在、随手可拔的地步。后来我在海拔 4200 米处确实发现了一片漫山遍野的葱田。野葱的植株形似水仙，颜色偏浓绿，上开紫花。在遍地砾石、生命气息寡少的高原上，突然出现大片的绿色，对在帕米尔上行走了数月、吃干粮吃到喉咙冒火的商队来说，想必如同荒漠中突现甘泉，视觉和内心冲击之大，可想而知。我猜想，商队一定知道葱岭之上的野葱可补充人体需要的某种物质（维生素 C），因而对野葱田盼望已久，见到时定大喜过望，立即安营扎寨，拔葱烹炒，做出一顿美味又营养的大餐。葱岭的葱，学名为“大花葱”（Allium giganteum），分布于从土耳其、伊朗到中国新疆的广大亚洲内陆，其中帕米尔高原正位于中心地区。

葱岭之名的来源有另一种说法，“又以山崖葱翠，遂以名焉”，这是《大唐西域记》里的记载。从实际情况来看，海拔 2000 多米至 3000 多米的葱岭东冈和西冈植被丰富，绿树成荫，麦田青青，野草茂盛，称得上“山崖

葱岭上开满鲜花的葱　杨林拍摄

葱翠”。到了海拔4000多米处，情况则各有不同。有河湖的地方，鲜花遍地，水草丰茂。

但远离水源的地方，大多是砾石遍地，有类似骆驼刺一样的植物生长，即使是夏季，颜色也不能称作“葱翠”，而是泛着枯黄。所以，葱岭之名如果源于山崖葱翠，可能更多来自人们往来经过葱岭东冈和西冈时的真实感受。

那么，帕米尔（the Pamirs）之名又是从何得来？玄奘从达摩悉铁帝“国境东北，逾山越谷，经危履险，行七百余里，至波谜罗川”。这里的“波谜罗”，指的就是“帕米尔”。我在帕米尔高原考察时，每过一地都会询问当地居民，他们是怎么称呼帕米尔高原的，他们的发音基本上就是“po-mi-le”。所以，“波谜罗”、“帕米尔”就是当地人的语言发音，而《大唐西域记》留下了人类历史上对“帕米尔”这一地理名词的最早记录。

古地名很有趣，反映古人对居住地附近地标的认知，或直白地描述地形地貌，简单好记，比如“喀喇昆仑”中的“喀喇”即为“黑”，“昆仑”即突厥语的“岩石”，又如“纳兹塔什”（Nezatash Pass），“纳兹”是“尖”的意思，“塔什”即“石头”；或者是反映古人对自然的某种崇拜，如帕米尔，我曾多次询问境内外的帕米尔居民，他们告诉我，“帕米尔”在波斯语中意为“太阳的脚”，1896年寇松经实地考察，也留下了同样的记录，而通常认为的“世界屋脊”则是由此产生的引申义。

但是，葱岭的范围并不完全与现今所说的帕米尔高原相重合。《大唐西域记》对葱岭范围的描述是：

> 葱岭者，据赡部洲中，南接大雪山，北至热海、千泉，西至活国，东至乌铩国，东西南北各数千里。

班德斯基山口：山崖葱翠

玄奘的“葱岭”南至时称“大雪山”的兴都库什山脉，北至时称“热海”的伊塞克湖 (Issyk Kul,位于今吉尔吉斯斯坦东北部) 和“千泉”的梅尔克（Merke,位于今哈萨克斯坦)[1]，西至时称“活国”的昆都士，东至时称“乌铩国”的莎车绿洲[2]，范围完全涵盖且要大于现普遍认为的帕米尔高原的范围：帕米尔高原的南部边界为兴都库什山脉（Hindukush Range），北部边界为阿赖山脉（Alai Range），西部边界为喷赤河，东部边界是昆仑山脉（Kunlun Range），现在分属中国、巴基斯坦、阿富汗、塔吉克斯坦、吉尔吉斯斯坦五国[3]，因此玄奘笔下的葱岭，其北界、东界、西界都超过现代帕米尔高原的范围，二者并不完全等同。所以，古代葱岭即现代帕米尔高原的通常说法并不完全准确。

从地理学的角度，“帕米尔”还有另一层意思，指的是高山之间宽阔的 U 型河谷草场，一般海拔在 3000 至 4000 多米。帕米尔高原便是由众多海拔 5000 至 7000 多米的山脉以及分布其间的 U 型河谷即“帕米尔”组成。

U 型河谷居两座雪山间，地形开阔，宽度达几公里甚至十几公里，如中国

1 儒莲、沃特斯考证“热海”即今吉尔吉斯斯坦的伊塞克湖 (Issykkul)。参见 [法] 斯坦尼斯拉斯 · 儒莲（Stanislas Julien）翻译的《大慈恩寺三藏法师传：公元 629 至 645 年玄奘印度行记》（法文本）（*Histoire De La Vie D'hiouen-thsang, Et De Ses Voyages Dans L'inde Entre Les Annees 629 Et 645 De Notre Lere*），巴黎 1851 年，第 54 页；和他翻译的《大唐西域记》（法文本）（*Mémoirés sur les Contrées occidentales*），巴黎 1857 年，帝国印书馆 (L’ Imprimerie imperiale)，第 1 卷，第 11 页。[英] 托马斯 · 沃特斯（Thomas Watters）:《公元 629 至 645 年玄奘印度行记》（*On Yuan Chwang's Travels in India, 629-645 A.D.*），伦敦 1904 年，《大不列颠皇家亚洲学会会刊》(*The Journal of the Royal Asiatic Society of Great Britain and Ireland*)，第 67、74 页。 舒勒尔经实地考察，证明“千泉”即在梅尔克，参见 [美] 尤金 · 舒勒尔（Eugene Schuyler）:《“新疆”：俄国“突厥斯坦”、浩罕、布哈拉河、伊宁诸地行记》（*Turkistan: Notes of a Journey in Russian Turkistan, Khokand, Bukhara, and Kuldja*），伦敦 1876 年，阿姆斯特朗 · 斯克里布纳公司 (Scribner, Armstrong & Co.)，第 2 卷，第 123 页。

2 白鸟库吉考证“乌铩国”为“叶尔羌”（Yarkand），即今新疆莎车绿洲。见白鸟库吉:《塞外史地论文译丛》（第二辑），上海: 商务印书馆，1940 年，第 94 页。本文从地理方位对此有论证，参见下文。

3 伊塞克湖、梅尔克以南为天山山脉与吉尔吉斯山 (Kyrgyz Alatau)；昆都士以东即兴都库什山脉西段；莎车以西为昆仑山脉。帕米尔高原的范围参见马尔克斯 · 豪瑟尔（Markus Hauser）的《帕米尔》（*The Pamirs*），本文中的相关英文地名，如无特别注明，均以此地图为准。

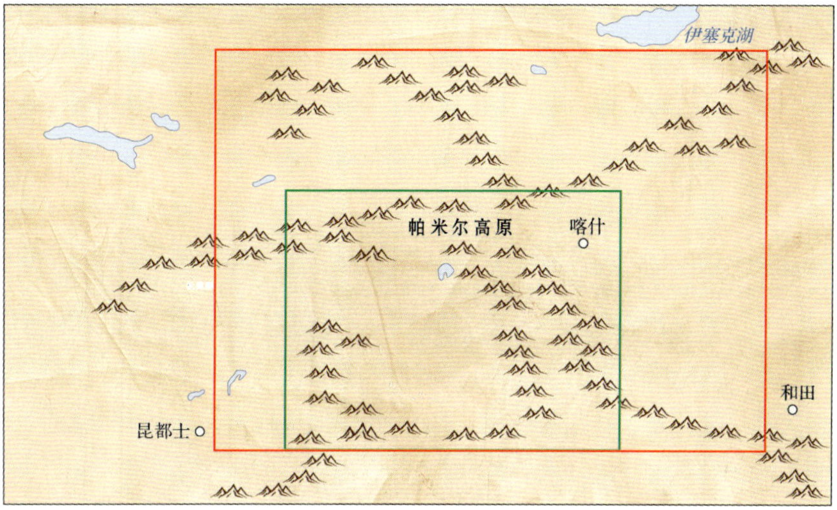

玄奘的葱岭（红框）与现代帕米尔高原（绿框）的范围示意（均不包括平原）

塔什库尔干县境内的塔克敦巴什帕米尔（Taghdumbash Pamir）；大帕米尔谷地更加开阔，且谷内地势有高有低。多处的高山积雪融水流至谷底，谷内常有河流，水量充沛，尤其在夏季，辫状河流在地势平坦的宽谷中像树根一样伸展，恣意漫流，形成大面积水草丰美的草场。这两条河谷理所当然成为丝绸之路翻越葱岭的主干线。

对丝绸之路上的商队来说，最重要的是要有水草补给，所以他们选择的一定是水草丰美的U型河谷，而不可能像很多臆想的丝绸之路图片反映的那样，骑着骆驼走在夕阳西下的沙漠里。的确，丝路驼铃，特别满足内地人的异域想象，但如果大规模商队真的走沙漠，恐怕要不了多久就因为干渴与酷热而全军覆没了。

水是重要的，但也是危险的。U 型河谷的优点在于，它不会产生湍急的水流威胁到商队的安全，也不会出现陆地全部被水淹没、无法涉过的情况。漫流

塔克敦巴什帕米尔　2018 年 7 月帕米尔考察航拍

的河道之间有多处陆地露出水面，河道往往不会过宽、过深，马匹能够涉水通过，河流也不会直抵山脚，商队在 U 型河谷中总能找到行走的陆地。

V 型河谷则完全不同。它狭窄险峻，水流湍急，不但无法徒涉通过，更有可能涨水从而危及人身安全，因此这是丝绸之路竭力避免的路段。最典型的就是帕米尔高原上因今 314 国道（中巴友谊公路）途经而为人熟知的盖孜河谷、叶尔羌河谷以及绝大部分的塔什库尔干河谷。帕米尔上巨型的“帕”一共有八个，分别是哈尔果什帕米尔（Khargush Pamir）、郎库里帕米尔（Rangkul Pamir）、

11

塔什库尔干河（近处）汇入叶尔羌河处的V型河谷

12

从塔里木盆地远眺帕米尔高原，右边最高峰即公格尔，离拍照处直线距离86公里

萨雷兹帕米尔（Sarez Pamir）、阿利楚尔帕米尔（Alichur Pamir）、大帕米尔（Great Pamir）、小帕米尔（Little Pamir）、瓦罕帕米尔（Wakhan Pamir）、塔克敦巴什帕米尔（Taghdumbash Pamir），所以英语中的帕米尔高原为复数：the Pamirs。但对于丝绸之路来说，最经常通过的就是境内的塔克敦巴什帕米尔和境外的大帕米尔。

帕米尔上还有很多规模不等的小“帕”，如星峡尔帕米尔（Shimshal Pamir Pamir）、瓦恰帕米尔（Vacha Pamir）等。

U 型河谷的地理特征赋予帕米尔高原别样的生命，它使高耸的帕米尔高原不是阻隔东西的屏障，而是可供人类行走、沟通文明的天然通道。

第二节
纵横交错的葱岭道路

2013 年 4 月，我率领考察队第一次前往帕米尔高原考察，实地确定了数段清代驿道和“玄奘东归路线之帕米尔段”经过的若干山口。同年 7 月，我又从新疆塔什库尔干县的卡拉苏口岸出境，搭乘运货的重装卡车，至塔吉克斯坦共和国的阔勒买口岸入境，开启对境外帕米尔高原玄奘东归路线的考察。这是中塔两国间唯一的陆路通道，两口岸均为唯一的边境口岸，属于国家一类口岸，但不对第三国开放。口岸于 2004 年开通，起初由于天气原因，开放时间具有季节性，2016 年 12 月 1 日改为常年开放。

这一次主要考察了《大唐西域记》中“大龙池”的位置，这是确定玄奘在帕米尔高原上行走路线的重要地标。我经过了瓦罕走廊与他曾经到过的喷赤河大转弯处的村庄伊什卡希姆，渡过阿利楚尔帕米尔的阿利楚尔河，前往清代疆域的“西极之地”——平定大小和卓叛乱后立下的乾隆纪功碑遗迹。种种收获，不一而足。

2014 年 8 月，我对境内外帕米尔开展了第二次考察。在瓦罕谷地行车途中，我眺望着对岸阿富汗的山川，突然对唐代将领高仙芝攻打小勃律时为何采用兵分三路的战术豁然明朗，这曾令我百思不得其解。实地考察往往会解决在书斋里无法攻克的难题，这些突发的灵感在下文会有详述。

为什么是葱岭？为什么要研究葱岭？这些考察本身就是答案。之前已经说过，帕米尔独特的地理特征赋予了它别样的生命，它从来都不是一个单纯的地理存在。

帕米尔高原是东西方两大文明的分水岭，向东流去的塔里木河与向西流去的阿姆河均由此发源。塔里木河孕育了中国西域文明；阿姆河，即玄奘所说的“缚刍河”（中文史料中常写作“乌浒河”，这个称呼来自希腊名称“Oxus”，这是公元前四世纪亚历山大东征到中亚时，希腊人为它取的名字），是中亚流程最长、水量最大的河流，也是咸海的两大水源之一，它与另一大水源锡尔河（Syr Darya）共同哺育了中亚河中文明。

13

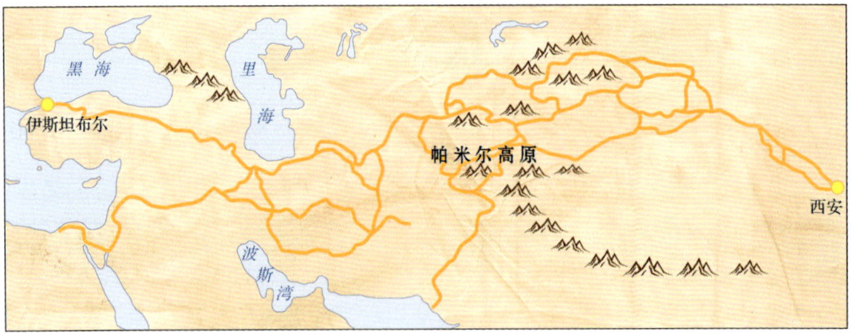

帕米尔高原是丝绸之路的枢纽 资料来源：侯杨方《丝绸之路地理信息系统》

帕米尔高原是中西文明交汇的天然地标。高原以西直至地中海没有任何天险，是天然的、完整的地理单元，很容易形成一个统一的大帝国，例如波斯帝国、亚历山大帝国、塞琉古帝国和安息帝国等。帝国内有畅通的道路网络，但这只是同一地中海文明圈的内部道路，它要联通中国文明，才具有世界意义，才能成为东西方文明交流的丝绸之路。帕米尔高原是丝绸之路东西交通的中间点，是丝绸之路南、北两道的枢纽。如果一定要用一个经典的意象代表丝绸之路，毫无疑问，帕米尔的雪山、鲜花绿草遍野的河谷才当之无愧，而当今媒体甚至学术圈流行的翻越高大沙丘的一长串驼队只是虚假的意象，是内地对西域的异域想象。

六七万年前，现代人类的祖先“智人”走出非洲，走到东亚，从西方到东方就有了道路。但是，这些道路尚不能承担更多的各大文明间的贸易与文化交流的意义。

汉武帝时，汉朝才与西域有直接的交通联系，这一联系肇始于张骞出使西域。《史记》称张骞出使为“凿空”，即如在一片黑暗迷雾中凿出了一束光亮，发现了新的世界、新的人类、新的物产、新的艺术、新的思想……

很明显，张骞出使西域之前，汉朝与西域并没有直接的联系与交流，《汉书·西域传》明确称：“西域，以孝武时始通”，也没有彼此的一手可靠信息，没有相互的了解与影响。那么张骞之前，汉朝与西域有无间接的、零星的联系与交流？这是肯定的，例如地中海地区道听途说的“赛里斯国”，中国人半神话式的《穆天子传》《山海经》等，以及多次转手间接的零星物质交流等等。

张骞是世界历史记载从中国内地走到中亚，并且完整走过西域两道的第一人。他向西到达大月氏、大夏时走的是经过大宛的北道，东归时走的是经过莎车的南道。

14

绿草如茵、鲜花盛开的帕米尔，远处雪山即公格尔和公格尔九别

15

崖龛石室，棋布岩林

《汉书·西域传》有一段对南道、北道的表述：

自玉门、阳关出西域有两道：从鄯善傍南山北，波河西行至莎车，为南道，南道西逾葱岭则出大月氏、安息。自车师前王廷随北山，波河西行至疏勒，为北道，北道西逾葱岭则出大宛、康居、奄蔡焉。

《汉书》的作者班固是当时名扬四海的大文豪、汉赋名家，这段话仅有几十个字，简洁明了，却具备完整的重要信息。

西域南、北两道的起点是阳关、玉门关。

南道进入西域的门户是鄯善国。当时汉朝将楼兰国南迁，改称“鄯善”。随后傍着阿尔金山、昆仑山北麓，沿着河流，采用水运或陆运至莎车国，也就是今新疆最大、最西面的莎车绿洲，然后再向西翻越葱岭，到达统治中心在今阿富汗北部巴尔赫附近的大月氏和位于伊朗高原的安息帝国。

北道进入西域的门户是车师前王廷，即位于今吐鲁番市区的世界文化遗产交河故城，随后傍着天山的南麓，沿河至疏勒国，即今新疆最西边的喀什绿洲。然后向西翻越帕米尔高原，到达位于今费尔干纳盆地的大宛，再向西是位于阿姆河中下游地区、中心在乌兹别克斯坦撒马尔罕附近的康居国和里海周边的奄蔡国。

西域南道、北道即丝绸之路上三个最重要的地标：玉门关、阳关以及葱岭，而葱岭更是南、北两道的交会枢纽。

只有在极盛时期，中原王朝的势力范围才能到达西域和帕米尔高原。汉传佛教就是经由帕米尔高原传到中国，著名的犍陀罗艺术也是从阿富汗、巴基斯坦的犍陀罗地区经由丝绸之路传来，而并不是从印度穿越青藏高原传到内地。玄奘去过位于葱岭东冈的斫句迦国（今新疆叶城县棋盘乡），他提到山崖上有很多岩洞，“崖龛石室，棋布岩林”。佛教东传，肯定经过了这里，并在此凿了佛洞。今天再去看，佛窟还是和他描写的一模一样。

古代丝绸之路最大的变化是东汉开辟了新北道。班固所讲的北道即老北道，是天山南麓道，紧贴着天山的南面，南道则紧贴着昆仑山北麓。东汉时开创了经过天山北麓的新北道，但这个新道相对而言不重要，因为它经过的是游牧部落占据的草原地带，均是逐水草而居的行国，政治很不稳定，既没有补给点，也没有市场需求。新北道之所以存在，是因为唐代有北庭都护府，可以靠军事力量维持，一旦军事力量崩溃，路便断了。

玄奘西行路线是丝绸之路北道的常规路线。中国古代西行古印度取经的僧人，比玄奘早的法显、宋云，比玄奘晚的悟空，都是从河西走廊西行，经由今新疆南部，翻越葱岭到达中亚，然后南下阿富汗，东南行至印度。

不过，玄奘稍稍有些绕路。大唐贞观元年（627 年），玄奘经由河西走廊西行，由于当时大唐与称霸西域的西突厥及其附属国高昌国（都城在今新疆吐鲁番地区）处于敌对状态，禁止大唐民众西行，因此玄奘到达瓜州（今甘肃省瓜州县以南的锁阳城遗址）后，偷渡边境的玉门关（唐玉门关在汉玉门关之东，在今瓜州县城以东，城址已经被我于 2019 年 4 月发现），向西北行至当时并不属于大唐的伊吾国（今新疆哈密市），遇见了高昌国的使者，受邀南下高昌国。高昌国王麹文泰非常钦佩玄奘的学识，盛情邀请他在高昌国讲经说法，并极力挽留，但玄奘坚持西行，承诺西行取经归来再聚首。

为了让玄奘取经顺利，高昌国王赠送了大量的财物、马匹、向导、随从，更重要的是有一封给西突厥统叶护可汗的介绍信，请求可汗协助玄奘西行。玄奘离开高昌后，并没有继续走丝绸之路天山南道或汉北道的常规路线，而是在到达乌什县后折向西北，翻越凌山（位于今中国、吉尔吉斯斯坦边界的别迭里

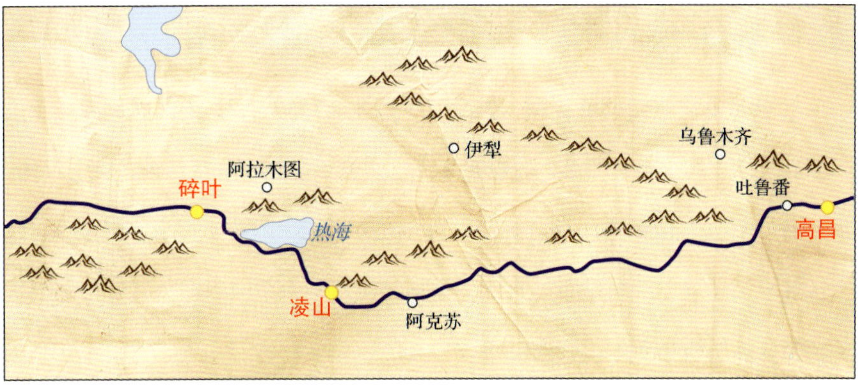

玄奘西去碎叶的路线 资料来源：侯杨方《丝绸之路地理信息系统》

山口），经过热海（今伊塞克湖），西行到达西突厥可汗的驻地碎叶（今吉尔吉斯斯坦的阿克·贝希姆遗址），谒见统叶护可汗。

统叶护可汗举行盛大的宴会款待玄奘，并派遣骑兵一路护送玄奘南下，经由铁门，越过了中亚最大的河流——阿姆河，到达吐火罗诸国（今阿富汗北部），然后继续向东南行，翻越兴都库什山，到达了古印度（今巴基斯坦、北印度）。

玄奘的归国路线则是沿着中国古代到达古印度的常规路线，从阿富汗东行至喷赤河谷（今分属阿富汗、塔吉克斯坦的瓦罕谷地），翻越葱岭经由朅盘陁国回到乌铩国，这也是丝绸之路的主干道。

安史之乱以后，唐朝国力衰落，吐蕃趁机占领了河西走廊和安西、北庭都护府等辖地，丝绸之路因此中断，同时海运开始兴起，经济重心也开始向东南移。到了宋元时期，由于没有控制西域，且大宗商品已经由丝绸变成了瓷器，用陆路运输没有利润可言，因此与西亚、欧洲的商贸主要是通过海路，海上贸易达到鼎盛。此后，丝绸之路原有的线路仍在间断服务于当地的地区性贸易，甚至一直到现在，这些传统路线在帕米尔高原部分地区仍在被当地人使用，但由于宋元时期中亚、欧洲已经能自己生产丝绸，丝绸不再作为大宗商品，因此如汉唐时期长距离的国际贸易已经消失，丝绸之路也就相应地不存在了。

转机发生在清朝乾隆年间。乾隆二十四年（1759 年），平定回部的战斗进入最后阶段，大小和卓西逃，经葱岭进入巴达克山（在今阿富汗东北部）境内。经过葱岭三战，即霍斯库鲁克之战、阿尔楚尔之战和伊西洱库尔淖尔之战后，大小和卓被消灭，战事结束。自此天山南麓重新纳入中国版图，清代中国疆域的西极延伸至西帕米尔，版图极盛。

从此，中国与西亚、南亚的陆路贸易重新打通。中国出产的茶叶、丝绸、羊毛从叶尔羌（Yarkand）、喀什噶尔（Kashgar）经浩罕（Kokand，位于今乌兹别克斯坦等国）进入波斯和俄国；经拉达克（Ladakh，位于今克什米尔东南部）进入英属印度并贩往欧洲。俄国的皮革、火器，英国的鸦片则经叶尔羌流入中国。

直至十九世纪中叶，俄罗斯和英国在中亚展开“大博弈”，这片土地再度进入动荡时期，同时也吸引了重寻玄奘之路的欧洲各国探险家。经过十九世纪末边界划分以后，这一地区又变得与世隔绝。

现在中国与中亚数国之间有红其拉甫、卡拉苏、伊尔克什坦等几个开放的口岸，主要是通过大货车将中国的日用品、工业用品运输过去，之后再放空车回来，基本上变成了单向贸易，相对来说，在中外交流上的重要性下降了很多。我在穆尔加布就遇到过四个中国的重卡司机，他们到塔吉克斯坦首都杜尚别运完建筑材料回国，路上还被塔国边检不知以何种理由扣罚 500 索莫尼（塔国货币单位，汇率变化巨大，已经由当时的 1 美元约等于 4.5 索莫尼跌到现在 10.25 索莫尼），经过一天的讨价还价，最后每辆车交了 170 索莫尼。在塔国境内的帕米尔高原上，时常可以看到中国商品，品牌是在中国从未见到过的，商品的品质十分“感人”。比如在霍罗格一家旅馆（类似中国县城的小旅馆）里见到了“某某卫浴”的马桶，但马桶盖已不知去向，马桶圈还裂了一条缝；在瓦罕谷地，一个曾经在中国留学一年的塔国青年开了可能是当地第一家“旅馆”而不是家庭旅馆 (homestay)，他从新疆市场上买来的化纤被套时常与我的衣服和身体擦出火花，让人十分担心，热水器的出水量也极大地考验着耐心。当然，好的也有，在穆尔加布和瓦罕谷地的家庭旅馆里，所用餐具大多来自中国。

经由帕米尔的丝绸之路虽几经起伏，但从未彻底消失。即使在不承载主要的贸易功能时，它的各个路段也是当地人行走的重要通道。事实上，几十年前，当地人还经常走这些道路，即便在今天，它们也仍旧是村与村之间的交通路线。

现在对外界，帕米尔可能更多地承载着旅游和探险的价值。在塔吉克斯坦帕米尔的每一个驻足地，我都看到欧美各国的背包客，他们来自德国、荷兰、爱尔兰、奥地利、美国、法国、匈牙利，还有韩国和日本的游客——唯独没有中国人，除了那四位卡车司机。欧美人可能会更多地被当地的自然环境、中亚和丝绸之路探险的神秘感所吸引，他们热衷于在崇山峻岭间登山、徒步、骑行。在塔吉克斯坦东部第一大城市，距离中国边境仅两三个小时路程的穆尔加布唯一的一家旅馆里，我曾遇到过两位非常崇拜高仙芝的日本老人，他们已经来过这里几次，甚至研究了高仙芝的行军路线，打算也走上一遍。虽然他们掌握的史料有限，但已经让我相当吃惊。聊了一会之后，他们非常激动，没想到能在这里遇到同道，还想将来与我一起去阿富汗寻找高仙芝的“连云堡”。

这些道路虽然看似已经淡出了人们的视线，但魅力从未消失，仍然吸引着对它感兴趣的人们，一次次地投入帕米尔的怀抱。但是，你是否发现，古代和现代关于帕米尔路段的记载大都只是一笔带过，比如很简单地写上一笔“经葱岭”“走出了帕米尔高原”，但从未精准地指出到底从哪个山口翻越，穿过哪一条河谷，更没有附上可供指路的精确地图。

第三节
寻找玄奘的东归路线

玉门、阳关、葱岭，是丝绸之路上三个最重要的地标。“玉门”“阳关”在地图上是明确的地点，有精准的经纬度，即使如此，单单看到这两个地名，一般人也只能通过自己的常识和想象构造出概念，并不知道它们究竟是什么样的，究竟在哪里。而葱岭是一片区域，地跨中国、吉尔吉斯斯坦、塔吉克斯坦、阿富汗和巴基斯坦，去过的研究者就更少了，它的具体范围很模糊，至于丝绸之路是如何穿过葱岭的，具体走的是哪几个山口、哪几条河谷，就更鲜有人知。

传统的研究就是这样的，绝大部分连一张简明的地图也没有，即便拿着没有任何地形标识的小比例尺（比如一百万分之一，甚至更小）地图，你也没有办法找到这些地点，更不用提重走这条路了。

传统的路线复原仅仅是地名和记载地名资料的罗列，再加上没有实地走过的作者在纸面上的推导，这种复原可以称为“纸面复原”，这种研究当然称为“纸面研究”。

自2012年以来，我一直在从事丝绸之路的“精准复原”。

“精准复原”，就是学术界、社会大众能够根据研究成果，精确（测量精度高）、准确（符合文献记录）地实地重复检验这些路线。它意味着可证伪、可重复，这也是现代科学的最基本要求。传统史料上的记载如“某某县以西北八十里，东南四十里”，只是很含糊的线索，以现代科学的标准来说，没有太大的意义。

精准复原要求研究方法不能仅停留于纸面资料的解读与推理，一定要有实地的检验，需要研究者的实地证明，即一条路究竟能不能走、怎么走、路况如何，而不是仅仅给出资料的罗列、纸面的猜想与结论；必须要有实地考察的 GPS 定位和轨迹，这是检验是否实地考察最有力的证据，没有 GPS 实测数据的复原就是“纸面复原”；研究结果要精准、直观，最佳的表现形式是地理信息系统，以及由它生成的大比例尺地形图，要公开路线的考察轨迹和重要地标的实测经纬度与影像，而不仅仅是文字说明和示意地图；必须能供他人进行重复性检验，复原精度在目视范围内，这与通常的纸面研究有着根本性的不同。

毫无疑问，这一研究需要现代科技手段的支持。以玄奘帕米尔段路线的精准

17

如何证明你走过，请拿出 GPS 轨迹证明：翻越喀什卡苏山口——唐代的“青山岭”经由瓦罕翻越帕米尔高原的部分路网 资料来源：侯杨方《丝绸之路地理信息系统》

复原为例，在全球地理定位（GPS）与地理信息系统（GIS）技术与方法日益成熟的今天，通过中外文资料，尤其是对十九世纪西方探险报告的解读，大比例尺地形图与卫星遥感图的利用，以及实地考察采集的地理数据，完全可以实现。

一图胜万言。一张详细、精准的大比例尺地形图尤其是军事地图对精准复原工作特别重要。

此外，想要完成高精度的复原，不仅有科学性的要求，还要求研究者有强烈的好奇心。古人到底是怎么走的？古人的线路和现在的是否存在差异？当年的丝绸之路从长安是如何到达玉门、阳关，出阳关以后又是怎么走的？从交河故城再向西又是哪一条路？玄奘到底是从哪几个山口翻越葱岭的？

精准复原的第一步，就是传统历史地理考证所做的主要工作，即对历史文献资料的收集，厘清不同语言、语境及各个历史时期对地名的表述。在复原的过程中，古今地名的变化给地理位置定点造成了相当大的困难。如葱岭历史上虽然是丝绸之路南、北两条线路的交会区域，但史书上的地名记载却非常模糊，仅有的一些史料如《汉书 · 西域传》和《大唐西域记》也有很大的差异。而近一千年以来，新疆地区的语言也发生了非常大的变化，突厥化的语言占了绝对优势，到了清朝末年，新疆地名的设置又逐渐汉化，将一些地名恢复到《汉书·西域传》中的名称，如“叶尔羌”改作“莎车”，“喀什噶尔”改作“疏勒”，还有名字相同而地点不同，如“鄯善”……这又增加了地名复原的复杂程度。清末从已经突厥化的地名恢复到汉代的汉语地名，古今地名的对应是否准确也是个问题。更何况，新疆的地名本身就是由很多种语言一层一层累积形成的。

我参阅了很多十九世纪欧洲考察队的资料，其中的地名是他们用英文、俄文记录的音译，大部分是当地突厥语的音译，也有些是塔吉克语与波斯语的音译。在他们的记录中，同一个地点可能有多个名字，有的读音相同、拼写方式不同，甚至在同一卷考察记录里，同一个地名的拼法也会有所不同。如瓦罕基尔达坂是中国和阿富汗边境的重要山口，一号界碑所在地，它在清末的汉文记录为“倭海及蕊”，英语的音译是“Wakhjir”，它们都与当地人的发音有一定差距。也有不同的地方用相同的名字来标记，如“腊布特”意为“通道”“驿站”，“兰格尔”（Langar，又译为“兰干”“栏杆”）意为“提供免费吃住的客栈”，经常出现在两河交汇之处。境内外的帕米尔有很多叫“腊布特”或者“兰格尔”的地方，它们通常是在几条路交会处的交通要冲，或是重要的古迹点。所以，考察前期必须要厘清这些地名，否则差之毫厘，谬以千里。

传统的历史地理考证到了这一步也就结束了，但是对于要精准复原路线来说，这仅仅是第一步，接下来，还需要把一个个地名最终定点在地图上，初步给出一个经纬度坐标，再经实地考察验证和校正，确定精确的经纬度坐标，描述通行情况，并反映在地理信息系统上，这样才算完成了精准复原。

18

根据经度、纬度、海拔，你一定会看到同样的画面，这才是“精准复原”，
而不仅是文字描述或示意图 资料来源：侯杨方《丝绸之路地理信息系统》

第四节
玄奘东归路线帕米尔段的精准复原

虽然史料记载模糊，但帕米尔高原上的路线复原也不是没有可能性。帕米尔高原的地质变化是以几十万年为单位，所以，在我考察的历史时间段内，帕米尔的地形没有太大的变化，即使发生过地震，也仅仅造成了一些山体的小规模崩塌，如中巴边境的明铁盖山口到处覆盖着崩塌的碎石，但山口、河谷的形态并没有大的改变。再比如，在西安以北人烟稠密的咸阳原上，矗立着九座高约 30 米至 50 米的西汉帝陵，它们仅是人工的夯土堆，但历经两千余年的地震、洪水等自然破坏，以及盗墓、取土等人为损坏，形状与规模也没有发生太大的变化。

另外，帕米尔高原地形虽然复杂，但地理环境的刚性约束条件也很强，有助于实现更高精度的路线复原。帕米尔高原上处于两山之间的山口很有限，很多山口海拔在 3900 米至 5000 米之间，人们经常通行的山口更有限，这就是一个重要的刚性约束条件。

除山口之外，帕米尔地区能够通行的就是河谷，事实上有很多河谷是不能走的，如叶尔羌河谷和流下高原的塔什库尔干河谷，它们在古代根本没法通行，因为那些又窄又陡的V型河谷，河流的水量太大，春夏的下午至凌晨会突然涨水，商队的人、畜很容易遇险，甚至根本无法通行，当一侧出现陡崖，也无法横渡过河到达对岸浅滩。能够通行的河谷一定是开阔、平缓的河谷，可通行宽度通常在几十米、一百米至两三公里之间，最宽处可能有十多公里，河水水量比起谷地相对较小，商旅可以不断切换到对岸。这是古代丝绸之路经过葱岭时，选择道路的另一个刚性条件。当将这两个最重要的变量叠加考虑，可供选择的路线就非常有限了。

《大唐西域记》也为今天精准复原玄奘的路线提供了可能。不同于同时代的其他游记作品，它是在唐太宗亲自要求下完成的，是有着明确政治、军事目的的重大项目，是一项国家任务，因此玄奘在书中准确地记载了西域各国和重要地标的地理方位、行走路线及里程、地形地貌的重要特征等。比如玄奘笔下“波谜罗川中有大龙池……水乃澄清皎镜，莫测其深，色带青黑，味甚甘美”。玄奘说波谜罗川的大龙池湖水“味甚甘美”，也就是说大龙池是淡水湖，而不是帕米尔常见的咸水湖，这一点对于传统交通来说至关重要。他描述的条件限制以及约束特征非常明显，除了大帕米尔，整个帕米尔高原上没有一处地方能完全符合这些特征与地理方位。大帕米尔在唐初时就是丝绸之路上主要的商业干道，有十几至二十公里宽，是整个帕米尔中非常开阔的河谷，也有充足的淡水，南北两面是雪山，它在八个帕米尔中海拔最高，是当时最适合通行的地方。上文说过，高仙芝率领大军远征小勃律也是由此地经过，一万人与几万匹马不仅要有丰富的水草，也要有开阔的宿营地。

还有一个典型的事例，玄奘写他到了朅盘陁国的都城，即今塔什库尔干县石头城后，再从“城东南行三百余里至大石崖”。这“三百余里”的路线究竟在何方？一世纪前的西方探险家们也各持己见。我在实地考察时无意间找到了一个叫乌古里亚特（Ugriat Pass）[1] 的山口。“城东南行三百余里”就是经过乌古里亚特山口到达坎达尔山口，翻过前者以后，确实能看到天际的巨大断崖，也就是玄奘讲的“大石崖”,且没有其他备选的路线。在翻越大石崖后的大同乡，我从反向确认了这条路的存在。大同乡的一位干部说，1994 年通向塔什库尔干县城的公路修通之前，他们只能向西翻越坎达尔山口，再走乌古里亚特山口前往县城。此外，塔县政府一名家在瓦恰乡的塔吉克干部也说，现在如果公路被水冲断,他也还是这样走。即便如此,我还是不敢轻信,于是找到了军事地图——作战地图是最有可靠保证的，它会把所有可走的路一条不剩全部画上去。地图上显示，有且只有这条通过乌古里亚特山口和坎达尔山口的路。由几方的信息交叉验证，有且只有这条道路是确凿无疑的。从坎达尔山口到石头城大概有 130 公里，即“城东南行三百余里”，里程信息也完全匹配。当地雪山的平均海拔有 6000 米,必须寻找海拔较低的、通行性强的山口,这样的山口数量非常有限,再加上方位、里程、地理环境的约束性，判断起来并不困难，至少从事后看确实如此,事前当然并没有那么简单,否则为何一千多年来没人复原出这条路线?

斯坦因和斯文·赫定等探险家都尝试过复原帕米尔上的玄奘东归路线，我做丝绸之路的复原工作，主要的资料便是一个世纪前这些西方考察队的考察报告、实测地图以及军事地图，他们的研究成果要比同时期中国舆地学的传统史料与研究，甚至现在历史地理学在内依靠纯文献的纸面研究可靠太多。

传统的历史地理学研究大都缺乏实地验证，只是停留在纸面上的猜想，没有经过检验，所以不要小看一个世纪之前的西方人，他们研究的中国历史地理，比现在的“纸上猜想”更可靠。斯坦因一手拿着《大唐西域记》译本，一手拿

1 乌古里亚特山口，坐标：北纬 37°38'10.85"，东经 75°30'27.64"。

着地图，一边测绘，一边实地走过高原冰川验证。“公主堡”就是斯坦因首度发现的，斯坦因听到当地人传说有一个“克孜尔库尔干”(Kiz-Kurgan)，即“女子堡”——实际上不叫“公主堡”,而叫“女子堡”——他就亲自爬到上面验证。这里垂直高度200多米，山坡非常陡峭，倾角几乎达到70度，而且坡上堆满山体滑坡的碎石，堡上单边墙的宽度，两只脚并排站着都很勉强。这样的考察，当今的历史地理学者，又能有几人可以做到?

与斯坦因所在的时代相比，我们考察队的研究条件已大为改善，可以有现代化的测绘地图、遥感图片、GPS、品质优良的照相摄像设备、GIS系统、现代交通工具等等，而他们那个时候只能乘着驴马一路走过来，地图精度也不高。

时代的局限性使他们的研究存在一定的缺陷。如经过GPS校正，我发现他们的地图有很大的误差，这当中既有投影方面的，也有测绘方面的。另外，由于不能直接读汉文原著，所以还有很多误解，这也成为他们研究的障碍，并且造成判断失误。

19

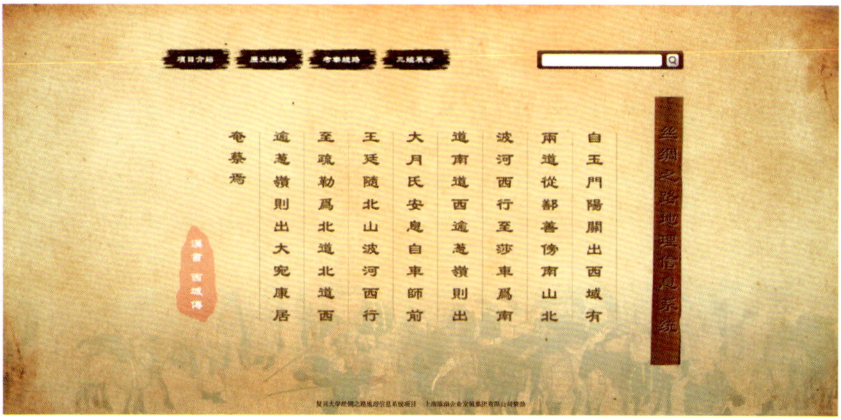

侯杨方《丝绸之路地理信息系统》: http://silkroad.fudan.edu.cn/

再者，他们只会把研究出来的结果绘成一幅地图，不可能做成实用性、信息量大得多的地理信息系统。现在，学者和大众可以根据已经上线的《丝绸之路地理信息系统》中的GPS考察轨迹、地标经纬度与影像，重走玄奘东归之路或我已经精准复原的多段丝绸之路与清代驿道。这样不仅能体验重现历史的穿越感，还能以亲眼目睹的景观，重复检验此项研究的结果，并与历史文献进行对比。这正是精准复原的实质内涵与刚性要求，而这恰恰是传统的纸面研究不可能达到的。

第三章

域外的葱岭西冈

无论是探访清代驿道，还是寻找丝绸之路，我都在寻觅水草丰美、河谷开阔的道路。因为商队必然是尽可能寻找这样的道路，以保证人畜补给，绝不可能像很多丝绸之路宣传片里拍的那样，一队骆驼沿着线条优美的沙丘，缓缓走进血红的夕阳里。

玄奘东归经过的路线，位于葱岭西冈，地处阿富汗和塔吉克斯坦交界的瓦罕谷地，显然是一条最佳通道。

第一节
玄奘耳闻的尸弃尼

霍罗格是塔吉克斯坦共和国东部重要城市，它位于帕米尔高原的西部，海拔 2200 米，是戈尔诺-巴达赫尚 (Gorno-Badakhshan) 自治州的首府，也是巴达赫尚省什克南（Shugnan）地区的首府。在《大唐西域记》中，它地处沙赫达拉山脉（Shakardara Range）以北的尸弃尼国。不过，这个国家玄奘并未亲自到过，只是在初入葱岭西冈时听闻，并将它记录下来。

对于现代旅行者而言，这座城市的重要性显而易见。它和距离中塔边境仅两三个小时车程的穆尔加布是塔国境内帕米尔高原上两个主要的城市。穆尔加布是戈尔诺-巴达赫尚自治州穆尔加布地区的首府，号称塔国帕米尔第一大城市，但它的规模和城市建设完全不能与霍罗格相比，苏联解体后，各项公共设施的维护更是陷入停顿状态，观感上像一个超级村庄，道路坑坑洼洼，尘土飞扬，汽车、拖拉机残骸比比皆是。

而霍罗格虽然人口不足三万，城市面积、规模和建设与中国内地一座小县城差不多，但它俨然是帕米尔高原上的行政和文化中心，各种市政部门、博物馆、歌剧院、国家公园、豪华酒店一应俱全，路边的墙上贴有总统的竞选海报。第一次抵达霍罗格时，路边的大幅广告牌竟然登着一场音乐会的演出预告，令人不禁对这座深山中的小城刮目相看。因与阿富汗隔喷赤河相望，两国交流较多，故阿富汗在此设有领事馆，很多旅行者会选择这里作为休整的地点，办理各种出境和前往帕米尔高原边境地区的证件。

2013 年和 2014 年夏季，我曾两次来到霍罗格，第一次是从穆尔加布一路向西，在考察了大帕米尔、瓦罕谷地后，前往霍罗格休整；第二次则在通过卡拉苏—阔勒买口岸后，连夜沿 M41 公路直抵霍罗格，准备完整地走一次玄奘东归路线，期待在途中找到更多与史料相呼应的场景，启发灵感。事实证明，反向考察绝不是一次重复。比如，再次穿越大帕米尔时，我发现了与上一次完全不同的道路，谷中竟有高地与低地道路，而这带来的完全不同的视角，直接影响了玄奘对大龙池等地貌的判断。

小城在群山环抱之中，沿汹涌澎湃的衮特河（Gund River）缓缓延伸。城市闲适、宁静而整洁，建筑多是两三层的小楼，一条柏油路的主要干道和几条连接起城市各个角落的支路，路边的白杨树高高瘦瘦，枝繁叶茂。午后，阳光暴烈，帕米尔高原赭色的山体显得愈加干涩，波涛滚滚的衮特河泛着刺眼的白光，一路向西奔流而去，它将在城西与北流的喷赤河合为一体。

无论在河边还是城中散步，都是十分惬意的享受。河边大都是幽静的私人住宅，烈日下门窗紧闭，但门外培植的鲜花五颜六色，非常美丽。一些餐馆依河而建，看着河景、喝杯咖啡是个不错的选择。傍晚漫步于城中，路边深紫、淡紫、粉白与橙色相间的野花在微风中摇曳，裹着头巾、身穿花色半身长袍的女人们立在矮墙边聊天，满眼尽是孩子们欢快奔跑的身影，清脆的笑声不绝于耳。路边便是城中最大的市场，里面的物品对我们来说都很新奇，各式各样的馕和面包成堆摆在柜台上，扎着头巾的什克南美女站在柜台后，同样新奇地看着我们这些中国面孔

20

穆尔加布

21

霍罗格，喷赤河对岸就是阿富汗

发笑。买下西红柿之后可以拿到市场外的水管洗了直接吃，味道酸甜可口。塔吉克斯坦特别是帕米尔高原自古出产宝石和工艺石，巴达赫尚的红宝石、青金石和绿松石更是名扬世界。据说在这个市场可以买到红宝石，但导游告诫我们一定不要买，否则出关时会遇到麻烦。果然，后来从阔勒买口岸回国时，塔国边防军将我们的箱子一一打开检查，主要就是查有没有走私红宝石。

霍罗格酒店业并不发达，多为小旅馆或家庭旅馆，最豪华的是位于城市西郊、喷赤河边的赛琳娜酒店（Serena Inn Hotel）。第一次到达霍罗格时，司机曾带着我们直奔这里，看着低调奢华的外观，每个人都兴奋不已。可惜车辆与它擦肩而过，我们住进了与它一墙之隔、床上铺满化纤织物、马桶圈开裂的小旅馆。

为了安抚队员们受伤的心，我们去赛琳娜酒店用了一次午餐，虽然味道不错，但等待的时间着实过长，长达三个小时，饥肠辘辘的队员们忍不住开始回忆国内的各种美食。酒店花园非常美丽，临河而建，高低有序，绿地之间、河边树下都摆放着可供客人躺卧的沙发。这个住地最好的一点是周末喷赤河边有“互市”开放，阿富汗商人扛着巨大的包裹，过桥来到塔吉克斯坦销售。我们有幸赶上一次，集市上商品种类繁多，有五彩缤纷的香料，花花绿绿的布匹，此外还有书籍。在互市门口，一位塔国女性蹲在地上，选购小摊贩装在口袋里的铅粉，并涂在皮肤上试色，看来是当地女性常用的一种化妆品。

虽然只是道听途说，但玄奘依旧对这里各种抹黑，说这里被连绵的大山包围，遍地沙石，气候寒冷，树木稀少，罕有花木水果，风俗彪悍，不知礼义，不分善恶，人们相貌鄙陋。然而，以我所见，今日当地景观已大异于玄奘的描述，一派林木葱茏、花果繁盛的景象，当地人普遍相貌出挑，且温文尔雅、谦逊有礼。

当地人大都接受过良好教育，很多孩子能说一口纯正流利的英语，我的向导哈奇姆（Hakim）曾到德国留学两年，会说俄（母语）、德、英和帕米尔四种

22

23

友善的什克南人

语言，而他说自己只是城市中普通一员，并不算什么精英。

路人迎面走过时，往往会朝我们颔首微笑，低声道一句“Hello”。晚上在偏僻的路上会车，双方都会连续闪灯示意，并且不会轻易打开远光灯，以免晃了对方的视线。有一次晚间出行，司机将车开得极慢，也不开车灯，我疑惑之余，才发现车前有位背着手缓缓而行的老人，原来司机是担心老人受到惊吓。等老人转进巷子，他才提速开灯。这种风度能秒杀国内一线城市。还有一次，我从没有路灯的郊外摸黑步行回市中心，没走多久，便有一辆车在身边停下，热情地招呼我上车，看我有顾虑，还主动用英语说“不用考虑钱”。霍罗格人热情好客，重视礼仪。有个周末，一家饭店内正举办盛大婚礼，我好奇地站在路边张望，新郎的父亲很快迎出来，将我请进去入座，一同饮酒、跳舞，非常友好。

即使是在霍罗格以北偏僻的巴塘（Bartang）河谷，人们也是知书达礼，民风淳朴。一次我们停车休息，一个七八岁大的小男孩很有风度地走过来，像个小外交家似的，主动与我握手交谈。夏季正值帕米尔东、西冈杏子成熟，满树金黄，令人垂涎欲滴。我在树下捡起刚刚掉落的杏子放入口中，果肉绵软，酸甜可口。这时，高大俊朗的男主人闻讯出来，热情地招呼我们，随即上树摘杏，并让小女儿回家取桶装杏。端庄大方的女主人走出院落，到路边为我们将杏子洗干净。和村民聊天时得知，当地非常重视教育，村里的孩子大都能出去读大学。

我心想，玄奘如能重生，应该不会再嫌弃帕米尔人没礼貌，反而会感喟良多。这是彼方人进化太快，还是本国人止步不前甚至退步？

如果说尸弃尼国故地还有什么和玄奘所说略有吻合的，那就是道路对现代交通工具的挑战。从霍罗格前往北部巴塘河谷途中，道路从柏油路、碎石路变成土路，路况越来越差。进入深山，一段沿河土路不巧被河水冲断，两个村民正在坡上运土填路，车辆只能从这条尚未夯实的新路上通过。这条临时的路宽度仅容一辆吉普车通行，土坡左侧毫无防护，左轮压到坡边，很容易下陷，如果侧翻，就会滚落河中。我的头车司机是三个驾驶员中技术最为娴熟的，他缓缓地驾车压上坡路，但可能因为路面摩擦力不够，车身不受控制地左摇右晃，车身一度左倾，让人担心再走一步就要翻车。万幸的是最终有惊无险地通过。回头看另两辆车涉险时，更加惊心动魄。第三辆车行驶中突然左后轮向下一滑，车子几乎就要侧倾，我的心一下子都提到了嗓子眼。

紧接着又发生了一件事，可以算作考察途中为数不多的意外了。当天下午三点左右，因冰雪融水流至谷中，路面严重漫水，有的地方路面完全被水淹没，并且无法判断深浅。在一个转弯涉水路段，两辆后车不慎陷入水坑熄火。幸亏附近村民听到消息，纷纷跑来帮忙，直到晚上，才成功将车拖出，我们当晚只

24

巴塘河谷越野车落水

好借宿在村民家里。我们这群异国面孔的到来，让这个偏僻的小山村顿时热闹了起来。次日清早,村民纷纷邀请我们到他们家中或户外凉床上闲坐,取出杏干、桑椹干等食品招待我们，还带我们去参观他们的村校。临别时，男女老少站在路边，微笑着挥手告别。虽然是一次历险，但巴塘河谷的秀丽风景与风土人情，令我难以忘怀。

第二节
喷赤河大转弯处的塞迦审

告别了霍罗格的城市文明，考察队前往玄奘踏入帕米尔高原的第一站、喷赤河岸边的村庄——伊什卡希姆。它是自西向东进入瓦罕谷地的西端出入口，也是从阿富汗昆都士以及附近地区进入喷赤河谷的唯一入口。唐贞观十七年（643 年），从印度取经东归的玄奘，跟随商队抵达了“役属突厥”的活国（在

25

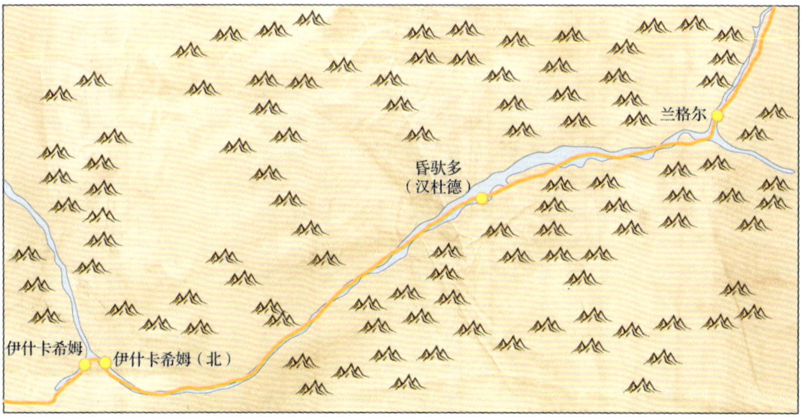

玄奘行经达摩悉铁帝（今瓦罕喷赤河谷） 资料来源：侯杨方《丝绸之路地理信息系统》

今天的阿富汗昆都士），并从活国出发前往葱岭，这里是必经之路。

玄奘离开活国后，“逾岭越谷，峡路危险”[1]，顺着科克查河（Kokacha River）河谷一路东行，再折向南，行走于葱岭山谷间。抵达位于今阿富汗库兰行政区（Kuran wa Munjan District）的屈浪拏国后，折向东北，顺着桑迦里河（Sanglich River）抵达位于喷赤河由西转向北流大拐弯处的伊什卡希姆[2]，进入了帕米尔高原的范围。

在葱岭一章里我说过，玄奘的葱岭北界、东界、西界都超过了现代帕米尔高原的范围，二者并不完全等同，所以在称谓上，此处前面用了“葱岭”，后面用了“帕米尔高原”。

自东向西的喷赤河，由北来的帕米尔河与东来的瓦罕河在瓦罕谷地的东端汇流而成。它夹在兴都库什山与沙赫达拉山脉之间，穿越了长达110公里的整条瓦罕谷地。从山体上冲积下来的泥沙与河道抢占着地盘，宽阔的谷地中央，河水时而肆意漫流，在生满杂草荆棘的滩地上四下探寻，时而在碎石和泥沙的夹缝中变得汹涌澎湃，灰浆般混浊的河水奔突咆哮，如困兽一般疯狂寻找出口，奔腾的水声响彻山谷，最窄处目测不足两米宽，对岸的阿富汗近在咫尺，仿佛纵身一跳便可越界。

喷赤河流出瓦罕谷地，冲到伊什卡希姆后，突然向北90度急转，变成一条自南向北流淌的河流。“喷赤”，波斯语意为“五”，因为喷赤河在塔吉克斯坦境内有五条支流汇入；在瓦赫什河 (Vakhsh River) 汇入后被称为阿姆河，最终流入咸海，因此喷赤河与阿姆河的关系就是金沙江与长江的关系。阿姆河 (Amu Darya) 是中亚最长的河流，它与咸海的另一水源锡尔河共同哺育出了中

1（唐）玄奘等著、季羡林等校注：《大唐西域记校注》卷12，北京：中华书局，2000年，第973页。

2 此段行程自十九世纪以来，经儒莲、坎宁安、玉尔、比尔直至赫定等一系列学者的研究，相对清楚，且不是本文的重点，因此从略。

亚河中文明。

看似世外桃源一般的村庄，却经历过与身边的喷赤河一样的曲折坎坷。

作为英俄“大博弈”的结果，喷赤河在1895年后成为政治分界线，将两岸同文同种的帕米尔人（罗善人、什克南人、瓦罕人）分别划到了阿富汗和俄国境内，右岸（北岸、东岸）现属塔吉克斯坦，左岸（南岸、西岸）属阿富汗。

喷赤河切分开瓦罕谷地，也将宁静的村庄伊什卡希姆切割成了两半。塔吉克斯坦的伊什卡希姆，海拔2600余米，盛夏时节绿树成荫，草木葱茏。隔河相望，对岸阿富汗的村庄同样是阡陌纵横，满目葱绿，偶尔能看到有村民在活动，有一条与塔国相似的沿河道路，甚至看得到在山坡上行进的车辆。这个美丽的村庄也叫伊什卡希姆，可以想见，当初被强行切分时，这里的人们是多么地不情愿，所以一直固执地保留着原本的名字。

在一千多年前，这两个村庄属于横跨喷赤河的“塞迦审”。

1901年，约瑟夫 · 马迦特 (Josef Marquart) 考证出今阿富汗巴达赫尚省的伊什卡希姆即《新唐书》中的“塞迦审”，玄奘由此进入位于喷赤河谷的达摩悉铁帝国[1]。1848年，英国将军亚历山大 · 坎宁安（Alexander Cunningham）提出达摩悉铁帝为瓦罕谷地[2]，1858年，路易 · 圣马丁（Louis Saint-Martin）持同

1 [德]约瑟夫·马迦特(Josef Marquart):《伊兰斯 · 阿尔根据莫西斯 · 索伦纳齐神父的地理学理论撰文：带历史批判性的评论以及历史与地形的说明》(*Ērāns ahr nach der Geographie des ps. Moses Xorenacci :mithistorisch-kritischen Kommentar und historischen und topographischen Excursen*)，柏林1901年，魏德曼出版社(Weidmann)，第224页。另，《新唐书》卷221《西域传下》，北京：中华书局，1975年标点本，第6255页。

2 [英]亚历山大· 坎宁安(Alexander Cunning-ham):《对中国僧侣玄奘的旅行验证：七世纪上半叶基督教时代玄奘在阿富汗与印度行程考实》(*Verification of the Itinerary of the Chinese Pilgrim, Hwan Thsang, through Afghanistan and India during the First Half of the Seventh Century of the Christian Era*)，文章刊登在《孟加拉皇家亚洲学会会刊》(*Journal of the Royal Asiatic Society of Bengal*)，1848年，第17卷，第2期，第13—60页。直至1883年，此段喷赤河谷为瓦罕国(Wakhan)的核心区，后英俄瓜分帕米尔，以喷赤河为国界，分属俄国(今属塔吉克斯坦)与阿富汗，喷赤河南现属阿富汗巴达赫尚省的瓦罕行政区 (Wakhan District)，即俗称的“瓦罕走廊”(Wakhan Corridor)，它东与中国新疆的塔什库尔干县接壤。参见[德]赫尔曼·克罗伊茨曼(Hermann Kreutzmann):《帕米尔山结的少数民族与边缘性》(*Ethnic minorities and marginality in the Pamirian Knot*)，《地理杂志》(*The Geographical Journal*)，第169卷，第3期，2003年9月，第215—235页。

样的观点，1873 年，英国上校亨利 · 玉尔（Henry Yule）引用并赞同坎宁安的观点[1]，经实地考察核实，此说当属定论。

唐高宗显庆年间，达摩悉铁帝国属于唐代的“鸟飞州”，国王沙钵罗颉利发被唐朝皇帝任命为刺史。唐朝一度在这里设立过鸟飞州都督府，为其西域的众多都督府之一，府址设在护蜜国国都。护蜜国曾是吐火罗国的一部分，国都先在玄奘所称的昏驮多城，后西迁至塞迦审城。

《中国历史地图集》（第五册）“安西都护府”图幅中有“鸟飞州都督府”以及“塞迦审城”，但将其标在了喷赤河北岸今塔吉克斯坦境内。

26

《中国历史地图集》（1982 年第一版）中的“鸟飞州都督府”以及“塞伽审城”

1 路易 · 维维安 · 德 · 圣马丁（Louis Vivien de Saint-Martin）:《印度与中亚地理分析——以〈大唐西域记〉为中心》(*Mémoire analytique sur la carte de l'Asie centrale et de l'Inde, construite d'après le Si-yu-ki*)，［英］巴黎 1858 年，帝国印书馆，第 175 页。亨利 · 玉尔（Henry Yule）:《玄奘吐火罗斯坦考察记录：一些地理学概念的再思考》(*Notes on Hwen Thsang's Account of the Principalities of Tokháristán, in which some Previous Geographical Identifications are Reconsidered*)，《大不列颠皇家亚洲学会会刊（新系列）》(*The Journal of the Royal Asiatic Society of Great Britain and Ireland, New Series*)，第 6 卷，1873 年 1 月第 1 期，第 99—120 页。

玄奘到达了塞迦审，就到达了他称之为“缚刍河”上游的喷赤河谷，正式开始了他壮丽的帕米尔东归之旅。

向导告诉我，塔吉克斯坦的伊什卡希姆和阿富汗也有“互市”，与霍罗格喷赤河的互市属同一体系。每周六的早上，两国商人不用护照就可以穿过喷赤河上的一座桥，去河中心一块无领主土地上做国际买卖，热闹非凡。可惜我到达的时间不凑巧，听说这个互市因为安全问题已关闭多时。

正午时分，一条不甚宽阔的乡间公路反射着强烈的阳光。临近村庄，道路两旁开始出现成排高大的杨树，有的树径足有 30 厘米。鹅卵石堆砌而成的矮墙后面是一座座平房，男孩们三三两两地蹲在墙边，看着考察队的车经过。

此时，队员们饥肠辘辘，想在这闲适的歇脚地找间不错的餐饮店，美美地饱餐一顿。村庄里居民不多，好不容易在一片杏树林中找到一家小餐馆，女主人在树阴下摆开长长的餐桌，请我们坐下来享用午餐。这家餐馆所能提供的最好的菜就是手指大小的小香肠，四根小香肠，一只煎蛋，一个小小的烤面包，但已经让队员们觉得美味无比。

由于伊什卡希姆是现在进入塔吉克斯坦边境地带以及帕米尔国家公园的必经之路，塔吉克斯坦在这里设置了一道边防。2014 年我经过这里时，还差点被扣留。当时司机下去交涉，我在车上久等不见回音，不明就里。后来，边防军让我下车到路边白色小屋子外的树阴下查验护照，他们将护照翻来覆去看了半天，由于语言不通，我在霍罗格的向导也不在，所以也问不出个所以然来。

两个多小时后，由边防军的车引路，我被带到一个办公楼。一个享受着单间和空调的官员查问了我半天，但他讲的是俄语，实在难以沟通，我只好去联系向导，请他过来。等待之际，我起身在办公室里散步，发现这位官员正在电脑上看美剧《24 小时》，我当时也正在追这部剧，顿感很有趣。可惜同他说了，他仍是一副冷冰冰的面孔。

等向导来了之后才知道，最近塔阿边境治安状况不太好，审查比以前严格，我还需要再办一个边防证。当天，我只好折返霍罗格，又等了一天，拿到证件后，才再次出发，经过伊什卡希姆向东横穿著名的瓦罕。

27

绿荫下的伊什卡希姆

第三节
瓦罕：景色绚丽、遗迹丰富的走廊

无论是探访清代驿道，还是寻找丝绸之路，我一路都在寻觅水草丰美的道路。因为商队必然是尽可能寻找这样的道路，以保证人畜补给，即便是在平均海拔 4000 米的帕米尔高原上，也是沿着有水的道路行走，有些路段甚至可能换走水路。绝不可能像很多丝绸之路宣传片里拍的那样，一队骆驼沿着线条优美的沙丘，缓缓地走进血红的夕阳里。

商队的运输工具可不仅仅是骆驼，主力可能是毛驴、牦牛，甚至还有大象——玄奘就带了一头，当然还有水运。丝路运输不是人们想象的那样，一个商队从头走到尾，而是中途有大大小小多个驿站和转运市场，每个路段有不同的商队和适合当地通行条件的运输方式，丝路上的城市也是这样随着商旅发展起来的。比如我去过的乌兹别克斯坦老城布哈拉，当年的丝路就是从城市中的主干道经过，道路两旁都是商队落脚的驿站。现在很多新疆到中亚的贸易，也是用汽车先将货物运到巴基斯坦等国的国际市场，再由各地商人分销到更远的地方。

玄奘东归路线上有好几条深受商旅欢迎的“康庄大道”，位于葱岭西冈、地处阿富汗和塔吉克斯坦交界的瓦罕谷地，是其中最佳的一条。它西起伊什卡希姆，东至帕米尔河与瓦罕河交汇处，即喷赤河的起点，长达 110 公里，海拔从 2600 米缓缓上升至 2800 米，山体间有一个个巨大的冲积扇，人们居住其上。“瓦罕”以在当地居住的瓦罕人命名，整条瓦罕谷地都是富庶的农业区。由于海拔不高，坡度平缓，谷地开阔，有定居点与农业，因此喷赤河谷成了古代丝绸之路上的商队翻越帕米尔前后的重要休养与补给地。

玄奘对地形地貌的描述一向非常准确，他描写一个个连续的冲积扇为“堆阜高下”，因此道路只能“盘纡曲折”通过。不到现场，光靠纸面文字记录，很难想象为何沿着河流还会出现这样的道路。这些巨大的冲积扇落差约几十米至上百米，坡度约 30 度，远眺像细沙，实为泥土和沙砾。虽然看着十分危险，却是人们千百年来的栖息地，扇面上满目绿色，房屋点缀其间，衬托在灰黄相间、寸草全无的巨大山体前尤为醒目，透露出浓郁的生命气息。

两千年来，瓦罕一直是经济、文化和政治活跃地带，因为它是中亚西部和东部政治力量相遇、碰撞的区域。西瓦罕在一世纪初被贵霜翕侯丘就却（Kujūla Kadphises）征服。贵霜是大月氏的五个核心部落之一，后来统一各部，并且扩张到印度西北部，建立了对丝绸之路影响极为重要的贵霜帝国。直到 1883 年，瓦罕还是横跨喷赤河和帕米尔河两岸的独立国家，由一位世袭统治者统治，首都位于喀拉喷赤。至今，谷地中还留有多处历史遗迹，除喀拉喷赤外，还有达摩悉铁帝国的首都昏驮多，五六世纪的遗存佛塔，以及两千多年前希腊人修建的城堡等。

英俄两大帝国在十九世纪展开的中亚“大博弈”，再一次改变了瓦罕谷地的命运。1880 年至 1895 年，在英国的施压下，阿富汗的“埃米尔”（国王）阿

“盘纡曲折，堆阜高下”的瓦罕，如果去掉中间的越野车，就是当年玄奘目睹的景象

卜杜勒·拉赫曼汗（‘Abd al-Rahman Khan，1844—1901）统治了瓦罕。1873年英国和俄罗斯之间的协议以及1893年英国和阿富汗之间的协议，将喷赤河和帕米尔河变成阿富汗与俄罗斯帝国的边界，将瓦罕的历史区域人为分割，分属两个国家作为英属印度与俄罗斯之间的缓冲区。

玄奘当年在喷赤河谷里行走时，这里的文明至少已经历经千年。此地有着丰富的历史遗迹和神怪故事可供他踏访、聆听，简直成了这位八卦爱好者的乐园。商队之后要穿越苦寒的帕米尔高原，因此也会在此处停留一段时间，养精蓄锐。

唐贞观十七年（643年）春，玄奘到达了塞迦审，即今伊什卡希姆，按照惯例，他在《大唐西域记》里用梵语记载瓦罕的名称为“达摩悉铁帝”。玄奘这样形容这个地方：

> 在两山间，睹货逻国故地也，东西千五六百里，南北广四五里，狭则不逾一里。临缚刍河，盘纡曲折，堆阜高下，沙石流漫，寒风凄烈。唯植麦豆，少树林，乏花果。多出善马。马形虽小，而耐驰涉。俗无礼义。人性犷暴，形貌鄙陋，衣服毡褐。眼多碧绿，异于诸国。伽蓝十余所，僧徒寡少。

在《新唐书·西域传》中，达摩悉铁帝又被称为“护蜜”，“王居塞迦审城，北临乌浒河”，“显庆时以地为鸟飞州”，有时归属唐，有时归属吐蕃[1]，但在玄奘从西向东经过时，达摩悉铁帝还是一个独立的国家，都城位于伊什卡希姆以东的昏驮多，即今阿富汗巴达赫尚省瓦罕行政区的汉杜德 (Khandud)。

《大唐西域记校注》认为达摩悉铁帝国是瓦罕，引用的是马迦特的成果[2]，

1《新唐书》卷221《西域传下》，第6255页。

2（唐）玄奘等著、季羡林等校注：《大唐西域记校注》卷12，第975页。

瓦罕谷地：两山之间的喷赤河

但这一观点的最早提出者是坎宁安，并非马迦特原创。现代人很容易犯的一个错误，是将达摩悉铁帝国的瓦罕谷地与今天阿富汗的瓦罕地区相混淆，瓦罕谷地（达摩悉铁帝国）并不仅限于喷赤河以南的阿富汗瓦罕地区，还包括了喷赤河以北塔吉克斯坦的领土。

玄奘提到的“两山”，北山即沙赫达拉山脉，南山即兴都库什山脉。“缚刍河”即希腊语 Oxus 的音译，《新唐书·西域传》中称之为“乌浒河”，《史记·大宛列传》和《汉书·西域传》中称之为“妫水”。它们的发音来源相同，原指阿姆河最大的支流瓦赫什河，但至迟自玄奘的时代起，已改指阿姆河上游正源的喷赤河。十九世纪的西方人普遍将整条阿姆河干流称为“奥瑟斯河”(Oxus)。

瓦罕谷地最宽的地方约有两三公里，依山而建的是民宅和可供通行的道路，下方河谷中是滩地、河道，也是当地发展畜牧业与农业的地方。在瓦罕谷地除了羊群和牛群，并没有见到过太多动物，在高山草场倒是见过转场的骆驼和狗。玄奘提到当地“多出善马”，这种马可能因为生活在高原，身材矮小，但耐力很好。

河道依山体冲积到河道中的泥沙多少而时宽时窄。地形开阔的地方，喷赤河在河滩中央漫流，河中常有沙洲，沙砾遍地，灌木野草丛生，是瓦罕人牧牛放羊、嬉戏劳作的好地方。我们驱车经过时，曾看到过一群男孩在河边滩地架起一张网，正在打排球；还有人家在草地上洗刷和晾晒地毯。这里的居民有铺地毯的习俗，地上、榻上和炕上都铺着华丽的地毯。有些地方冲积下来的泥沙则有一两公里宽，将喷赤河挤到紧贴着塔吉克斯坦一侧沙赫达拉山的山脚下，急流汹涌。

七月，谷地中麦苗青青，清澈的渠水汩汩流淌，一派旖旎风光。路边绿树成阴，树干粗壮，足够二人合抱。麦田边偶然出现的小店铺里正播放着富有地域风情的乐曲，十分轻松愉快。小店居然还有冰淇淋卖，站在路边的树阴下吃

30

激流滚滚的喷赤河

31

喷赤河边牧羊的瓦罕女人

一个冰爽香甜的冰淇淋，真是行程之中难得的消闲。山坡上，金灿灿的杏子缀满枝头，让人望而生津。谷中天气晴朗，空气通透，天空湛蓝，云影投落在兴都库什山上，光影迅速地流转。只要不是在中午阳光最炽烈的时候，谷中时常凉风习习，尤其在树阴下小坐，非常惬意。夜晚星空璀璨，一道银河横卧夜空。

秋天的风景又是别样的壮观。清晨的阳光斜斜地洒在高山阔谷之上，视野无边无际。树木的浓绿配上麦田的金黄，清清渠水倒映着蓝天白云，美不胜收。正值喜悦的秋收时节，瓦罕的女人们穿着宽大的裙子，戴着头巾，跪在田里收割麦子，男人则用力地捆扎，壮硕的耕牛在树下休息，这般美丽的乡村风光收在相机取景框中，无处不是一幅经典的油画。

但是，此时暑热已然散去，寒意渐近的瓦罕有时会让人感到仓皇。傍晚时分，帕米尔高原上的冻云逼近，谷地上空阴云密布，仿佛正与两侧凌厉的山峰角力，细雨已渐渐在空气中飘荡，拂在脸上冰凉黏腻。

玄奘说瓦罕人“人性犷暴，形貌鄙陋”，但这只是因为玄奘个人的审美标准的差异，事实上，被他“黑”过的瓦罕人并没有那么不堪。瓦罕人属于东伊朗语系的民族，是印欧人，即俗称的白种人。我见到的瓦罕人长相俊美，皮肤白皙，长颊陷目，脸部轮廓非常清晰。斯坦因认为当年那些取经的佛教徒看到与众不同、金发碧眼的瓦罕人会感到震惊 。

瓦罕当地人自称是希腊人的后代。有传说现在的瓦罕人是希腊人与当地酋长女儿的后裔。从这个地区的历史来看，不排除他们有希腊血统的可能。公元前四世纪，希腊亚历山大大帝曾征服这里；公元前二世纪，继塞琉古帝国后，希腊－巴克特里亚王国又统治了这里，其后建立的“大夏”被大月氏所灭，成了贵霜帝国的一部分。

封闭的山村古道虽然是欧洲人远足的胜地，但民族文化并未因此而削弱，我见到的瓦罕人，说着难以理解的属于东伊朗语系的瓦罕语，无论样貌还是语言，都与文献记载十分相似。

在外界的认识中，瓦罕是个很模糊混乱的概念，瓦罕走廊、瓦罕谷地、瓦罕国……我在境内的帕米尔考察时，曾在前往瓦罕基尔山口（Wakhjir Pass）的途中，看到克克吐鲁克边防连的门外一块石头上刻有“瓦罕走廊第一哨”的大字，而西起中国的瓦罕基尔山口、东至公主堡的塔克敦巴什帕米尔（卡拉其古河河谷 Karachukur River）一直被国内误认为是“瓦罕走廊”，314 国道即“中巴友谊公路”上不止一块的指示牌这样标记。

《大唐西域记》注释中指出，达摩悉铁帝“这个地区基本上就是瓦罕，在瓦罕之南”；又解释说：“瓦罕，《后汉书》作‘休密’，为月氏五翕侯之一”。“在瓦罕之南”语意不明，应该是在“瓦罕山脉”即沙赫达拉山脉之南。另外，注释中说，达摩悉铁帝的都城昏驮多“波斯佚名作者著的《世界疆域志》作‘Khamdadh’，其地在瓦罕山谷中潘扎水南岸冲积扇之上”。“喷赤河谷”指的就是完全在阿富汗境内的瓦罕帕米尔，也是由来已久的地理名词。至于“瓦罕走廊”则是近几十年来，国外媒体赋予阿富汗瓦罕行政区的美称，这给它增加了一层神秘色彩，但它与古瓦罕国的领土并不完全相同，这样很容易误导大众。

由此可以得知，中国与瓦罕最多是沾上一点边，瓦罕所有领土都在现代中国的境外，两者之间仅有短短的几十公里长的边界线相连。

第四节
丰富多彩的瓦罕文物遗存

喷赤河是中亚最长河流阿姆河的上游。我曾从伊什卡希姆由西向东，踏访喷赤河谷；也曾穿越大帕米尔由东向西，考察过喷赤河的源头帕米尔河，一路随着它去往这块神秘的谷地，目睹这条美丽的河流在 100 多公里内，就从海拔 4200 米直降近 1700 米，以巨大的冲击力冲刷下帕米尔高原的泥沙，到达瓦罕谷地时，清澈的河水已变成一条混浊咆哮的巨龙。

2013 年 7 月 28 日，过了大帕米尔最西端的一道边防关卡，考察队开始了旅途中最为惊险的一段行程。颠簸的山路顺着险峻的山势不断提升，最终“一”字形被山体压成连续不断的“之”字形，路面也更加支离破碎。在青草滩上漫流的帕米尔河渐渐深入谷底，激流拍岸，传出阵阵轰隆隆的水声。高耸入云的兴都库什山出现在眼前，与我们隔河相对，雪顶巍然。在天黑之前，我的目光还能够追随着不断弯折的山路，感受独眼司机阿伊达拉的稳健。当两岸的山体陷入黑暗，道路仅剩车灯前的三米光明，阿伊达拉也开始焦急起来，车速明显变快。有数次车头一转，灯光亮处，前方又是悬崖。

32

流下高原的帕米尔河

33

一派田园风光的兰格尔，远处即兴都库什山

星斗满天了，这天夜空里的星星似乎比往日都要多、要美，山谷里看不到一点灯光，阿伊达拉对车里每一个人“何时能到”的提问始终保持沉默，也许是没听懂，也许他自己都不知道何时能够抵达，是否能够顺利抵达。

海拔终于开始下降了，兴都库什山的雪顶不再那么近，星空也开始遥远。远处山谷里有了星星点点的灯光，甚至都能看到屋里人影晃动，能听见交谈的人声，但随即车辆又与那灯光擦肩而过。

风也暖起来了，路边的房屋渐渐变多，一个偌大的村落慢慢张开怀抱。当晚落脚的村子兰格尔就要到了，这里已属瓦罕国故地。“兰格尔”在突厥语和塔吉克语中意思为“客栈”，塔国和中国帕米尔甚至整个新疆、中亚名为“兰干”“栏杆”的地方很多，它们当然无一例外，都位于交通要道上。

有过刚才的一番惊险历程，兰格尔的灯光显得尤为亲切了。前车由司机带着当地人过来引路，才将我们带到村落深处的一家家庭旅馆，停车时已近晚上11点。旅馆外的麦田在黑暗里看起来摇曳生姿，颇有风情。

这天考察队员们都相当疲惫，家庭旅馆的洗浴条件大都一般，无法洗个热水澡解乏，但当晚主人做的面汤特别好吃，印象深刻。

第二天清晨，步出庭院才发现晨光下的谷地风景怡人。这天的早餐是一人一盘乳白色的奶糊和爽口的杏茶，非常有特点，也很美味。餐厅的白色的藻井造型十分特别，虽不似中国的雕梁画栋，但另有一种拙朴自然之美。塔国的食物比较简单，通常是一份洋葱、西红柿沙拉，一碗红艳艳的树莓酱，一份酸奶或奶糊，几个馕，浓烈的茶水则是必备品。煮鸡蛋的火候拿捏得恰到好处，软嫩香滑。偶尔能吃到小香肠，那基本上就是一顿大餐了。

在考察途中，除了在霍罗格和穆尔加布住过小旅馆外，基本上都是这种家庭旅馆。家庭旅馆感觉比当地的小旅馆舒服、亲切。小旅馆的配置一般比较简

哈卡奥卡卡哈城堡

陋，房间很小，简陋的单人床，床上用品是化纤的。家庭旅馆住的是通铺的炕，或者就是地铺，也有的配置了床，会有一个不错的庭院，老板一家人都很热情好客，一日三餐都可以提供。洗浴设施方面，小旅馆一般都会配置淋浴间，不过如果是电热水器，水量小，加热时间长，用起来也很不方便。穆尔加布“帕米尔旅馆”里有一个公共浴室，水量很足。家庭旅馆通常也会有浴室，条件不同，在穆尔加布住的一家家庭旅馆的浴室就特别宽敞舒适，也有当地传统风格。不过，沿途经常有温泉，我在雅尔特拱拜孜 (Jarty Gumbaz)[1] 就泡过，主人家建了一个小型的温泉池，内贴瓷砖，相当豪华，感觉像把文明直接嫁接到了荒原。也可能因为当地是狩猎区，每年会有狩猎的客人前去住宿的缘故。

29 日下午，在烈日下，我们从兰格尔出发去寻找河谷中的遗迹。如果有足够的时间，真希望能在这条山谷中多停留些日子，踏访这里丰富的历史遗迹，与当地人充分交流，并且享受美好的温泉，因此更加羡慕玄奘有充足的时间在此逗留、探访。

从兰格尔出发不到二十分钟，便是帕米尔河与瓦罕河的交汇处，也是喷赤河的源头。河对岸的冲积扇上残留着古瓦罕国首都喀拉喷赤的遗迹，最高的一处建筑便是喀拉喷赤的王城——喷赤堡。用摄像机将画面拉近后，可看清遗迹的现状。建筑所剩不多，有明显竖立的两根柱子和若干宫殿墙壁，遗址堆上满是棕色的碎石和砾石。喷赤堡遗迹位于王城最北端，紧临两个山谷的交会处，交通便利。1883 年以前，瓦罕还是一个独立的国家，当年这个冲积扇上的城市也是瓦罕国第一大都市了。

离开喀拉喷赤，我们前去寻找达摩悉铁帝国的都城昏驮多，这个地点的确

1 拱拜孜，原意为四方座圆拱顶的坟墓，常设在交通要道作为驿站。

偶遇身着艳丽服装的瓦罕女性

认并不困难，1000 多年之后，它的名字是“Khandud”，发音依然相似，在喷赤河南岸阿富汗境内，隔河可见。

在塔吉克斯坦，语言是个大问题。当地人几乎不会说英语，尤其是年纪较长和受教育水平不高的人，只会说俄语和本地语言。这天，考察队就在路上往返奔波了两三次，才来到昏驮多对岸的位置。

这里大致位于喷赤河谷的中段，山崖高耸险要，堪当军事要塞。山崖上还有一座公元前三世纪至公元前一世纪希腊人建的亚姆春（Yamchun）城堡，它另外一个名字是“Zamr-i atish parast”，意为“拜火之城”，原是拜火教部族的军事防御工事。从河边公路右转上山，不久便来到城堡附近。

这可能是瓦罕谷地最震撼、最古老的文物遗存，规模宏大、造型雄伟，建造在悬崖之上，广阔的河谷一览无遗。城堡依山顶地形呈三角形构造，主体部分保存相当完好，有着厚厚的石砌城墙和圆形的瞭望塔，墙体坍塌后的碎石铺满山体表面。

整个城堡的范围非常大，半山腰还存有圆形的瞭望塔楼，线条造型非常优美。人们认为它是古代瓦罕一座伟大的防御工事，根据当地传说，它是由夸卡哈（Qakhkaha）和赞济博（Zangibor）两兄弟建造的，在从帕米尔高原到巴克特里亚、印度和伊朗的丝绸之路上扮演着非常重要的角色，控制着这一地区的交通、贸易和安全。

资料显示，这座城堡分成三部分，第一部分包括堡垒和营房的城堡，外有石墙包围，并建有圆形塔楼加强防护。另外两部分是用来战斗的开放场地，两个场地也都有厚厚的石墙包围，另有 36 个塔楼强化保护。石墙外墙宽 2 米，内墙宽约 50 至 60 厘米。外墙和内墙上都有箭眼，可以增加城堡的防御能力。建筑材料可能是从偏远地区运送来的，因为在附近没有发现城堡使用的变质岩、

俯瞰瓦罕谷地的佛塔

花岗岩、板岩、黑云母碎片以及其他形式的云母。

我们穿过一道陡峻的山梁，来到这座城堡上，发现它底部由石块垒成，上部是结实的夯土层，是典型的希腊式建筑。虽然没有资料记录这座城与亚历山大有关，但种种迹象表明，这应该是希腊人占领后留下的遗迹。

古堡面向喷赤河一侧有城墙和垛口，似与昏驮多城遥相呼应。我猜想，这样的筑城模式与古代一些小城邦相似，这座城堡很可能与对岸的昏驮多城连成一体，是昏驮多的卫城，过去也许曾有关卡拦河而设，作为军事防御之用，且古堡所在的山岭有水源和农田，可保证战时补给。

这座矗立在瓦罕河谷之上的希腊城堡目睹了张骞回国、法显西行、玄奘东归、高仙芝大军远征小勃律，以及马可·波罗由此前往中国……它是境外葱岭丝绸之路上最重要的人工地标。

在距离亚姆春城堡约 5 公里处，还有一座建于四世纪的哈卡奥卡卡哈 (Khakha or Qah Qaha) 城堡，它是贵霜时代的遗迹，喷赤河谷第二座著名的城堡，用来守卫西帕米尔的丝路。它是以英雄人物希亚帕什斯－乾卡哈（Siahpushes-Qanqaha）国王的名字命名。希亚帕什斯兄弟被认为是穿着黑袍的拜火教信徒。

哈卡奥卡卡哈城堡坐落在路边，我沿着陡峭的夯土墙攀爬而上。长年累月遭受水和风的侵蚀，哈卡奥卡卡哈城堡损毁程度较亚姆春城堡更为严重。不过从遗迹中仍能看出它的大小和军事功能，它也分成三个部分，全长 750 米，宽 280 米，有 56 个有箭眼的塔楼。

就在这座城堡附近，曾经有一座桥横跨喷赤河。根据旅行者的记载，最晚到二十世纪早期，这座桥还存在。当年的桥基建在河边突出的岩石上，从道路上可以清晰地看到，现在此处则是塔吉克斯坦的边防部队驻地。可以想见，当年喷赤河上的这座桥，或者还有更多的桥，在丝绸之路上承担着军事防御功能，或许还曾经收过保护费。

在路边观望亚姆春城堡时，有一辆载着七八个欧洲游客的吉普车经过，几个人挤在后面的车厢里，十分欢乐。

当晚阴差阳错，考察队住进亚姆春城堡附近一家十分奢华的家庭旅馆，印象中到处是华丽的地毯，还有两个小小的庭院，绿树成荫，青青的苹果缀满枝头。最让人震惊的是居然有一台洗衣机，感觉是二十世纪的怪物闯入中世纪的乐土。

旅馆里的一个瓦罕小伙子在晚饭前带我们去了村里的一个博物馆。看守博物馆的老人是个虔诚的伊斯兰教信徒，还亲手编了一本关于瓦罕的书。这里是伊斯兰教苏非教派的一个传教点，白色围墙内是某位苏非派大师的故居，所以博物馆也有特殊的纪念意义。故居的围墙上方装饰着几对帕米尔公羊角，这种羊角在帕米尔高原上十分常见，在狩猎区更是成堆地放在路边，十分壮观。花园里还有一个根据指针影子计时的装置，十分有趣。

参观时，有一个十多岁的男孩一直带着腼腆的微笑跟着我，他的英文讲得不错。跟他聊起来后，才知道他是个留守儿童，父母亲在莫斯科打工，他在伯父家寄住，非常想念自己的父母。

附近山谷里的比比法蒂玛（Bibi Fatima）温泉是旅行者心仪的地方，但因当时天色已晚，我们没有能够成行，回想起来非常遗憾。

当天的晚餐几乎称得上是“晚宴”了，餐厅里光线幽暗，到处垂着帘幕，客人很多。我记得上了一大盘鸡肉，考察队员每人能分到两到三块，是进入帕米尔以来最丰盛的一餐。

当晚我一时没有入睡，坐在门前庭院的椅子上看起了帕米尔书籍，又和店主及一对德国夫妇聊了两个小时。当晚的风印象深刻，开始时暖风习习，温柔旖旎，到了半夜变得沙尘阵阵，很有些瘆人。

亚姆春城堡、喷赤河以及对岸兴都库什山脉冲积扇上的汉杜德

第四章

波谜罗川：翻越葱岭的壮丽旅程

美好的日子总要结束，玄奘跟随的商队终于要离开美丽的达摩悉铁帝，启程去面对丝绸之路最艰难的路段：平均海拔 4000 米以上的帕米尔高原。

“国境东北，逾山越谷，经危履险，行七百余里，至波谜罗川。”

玄奘西行时，并未翻越葱岭。东归之前，他一定听到过很多关于帕米尔高原苦寒难挨的传说。玄奘是带着怎样的心情踏上这段旅程的？帕米尔高原幅员广阔，雪山间河谷众多，玄奘形容为“崖岭数百重，幽谷险峻”，他究竟走的是哪一条河谷？这是近两个世纪以来，中外学者尤其是十九世纪的欧洲探险家们争论不休的焦点。

第一节
何处是“波谜罗川”？

一头大象和驮着货物的毛驴、马匹又缓缓踏上了征途，这是丝绸之路上不能再普通的一支商队。数百年来，作为一条相当常规的商路，瓦罕迎来送往的商队不计其数，而到公元七世纪，已临近它最后的辉煌。

从达摩悉铁帝国的都城昏驮多启程，沿着喷赤河逆流而上，行至兰格尔，玄奘将要面临一个选择——其实玄奘不用选择，商队必然早已定好了那一时段最适于行走的路线。但我却只能从玄奘留下的只言片语中判断他们的行迹。

在兰格尔附近，北来的帕米尔河和东来的瓦罕河交汇成喷赤河。从这里回到现在中国境内的塔克敦巴什帕米尔有两条路：一是顺着瓦罕河一路东行，经过瓦罕帕米尔，再由小帕米尔东北行，或沿着南面的瓦罕基尔河谷东行；二是顺着帕米尔河东北行，经过大帕米尔，再横切小帕米尔东南行。单纯从路线方向考虑，大、小帕米尔的两个选择似乎都符合玄奘东北行的记录，这就给研究者带来了很大的困扰。

玄奘由“国境东北，逾山越谷，经危履险，行七百余里，至波谜罗川”。(《大唐西域记》卷十二)“波谜罗”，即大帕米尔，这是人类历史上最早对“帕米尔”

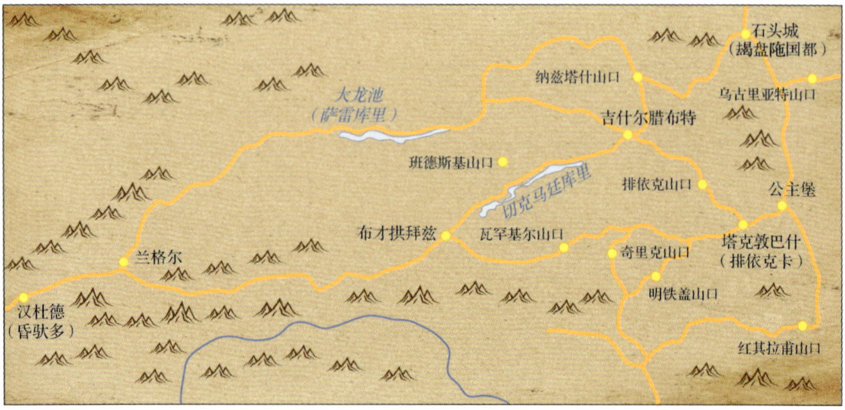

经由瓦罕翻越帕米尔高原的部分路网

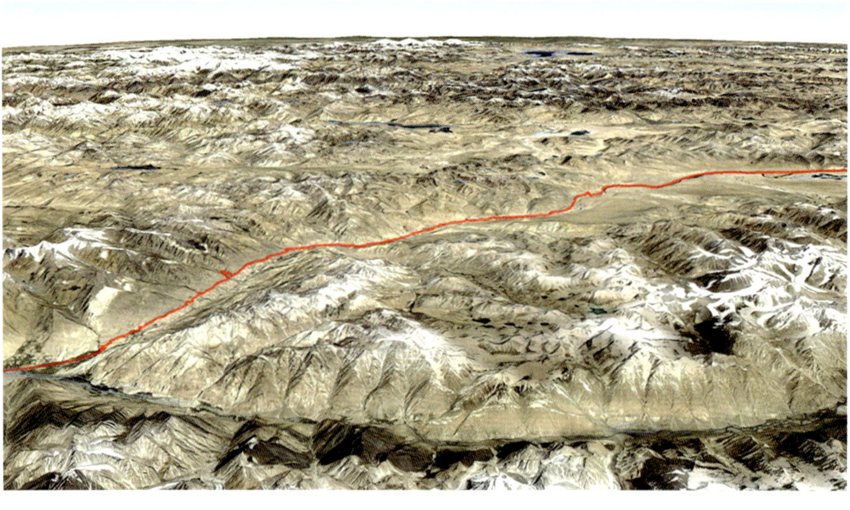

2014 年 8 月由瓦罕翻越帕米尔的 GPS 轨迹 资料来源：侯杨方《丝绸之路地理信息系统》

一词的记录。1836 年，法国东方学家欧内斯特 · 朗德雷斯 (Ernest Landresse) 首先将“波谜罗”(Pho mi lo) 认定为“帕米尔”(Pamir),坎宁安沿用了这一观点，但将“帕米尔”的拼法改为“Pamer”。

今天，我在帕米尔高原以及葱岭西冈和当地人交谈，听到他们口中吐出一个含混的“Po-Mi-Lou”发音时，情不自禁产生了穿越感——当年，他们的祖先也曾这样告诉过玄奘。

玄奘向达摩悉铁帝国东北方向走了“七百余里”。这里先讨论一下他所说的“里”的问题，按当时的条件，不可能精确测量里程，玄奘的“七百余里”只能是一个估计数。有实地考察经验的玉尔认为，玄奘记录的“百里”，其真正含义是商队一天行走的里程。由于玄奘所过之处地形差异很大，有沙漠、绿洲、河谷、高原、山口等，每天行走的实际里程相差也会很大，即越是艰难的路段，玄奘记录的里数与实际里数相差就越大，尤其在海拔高、地形复杂的帕米尔高原，这一结合了自身实际考察经验的判断可谓定论。以我个人在帕米尔高原的多次考察经验以及当地居民的经验，长途旅行者在一些高海拔的艰险路段，一天内实际步行的里程很难超过 20 公里 , 驮着货物的商队要前后照应，走得更慢。

那么，玄奘选择走的到底是哪一条道路呢？他自己已经明确提到了，就是“波谜罗川”。在当时，“波谜罗川”很可能是有确切所指的一个地理名词，帕米尔高原上几条不同的道路，分别有不同的名称。但到了今天，人们对波谜罗川的认识，就可能出现分歧。《大唐西域记校注》认为，波谜罗川是“两汉的葱岭”“今之帕米尔”，但事实上，玄奘笔下的波谜罗川，仅是葱岭、帕米尔众多河谷中的一条——大帕米尔。

玄奘在《大唐西域记》后文中详细描述“波谜罗川”时，提到了一个重要地标——“大龙池”。

帕米尔塔吉克牧民转场，活着的丝绸之路

波谜罗川中有大龙池，东西三百余里，南北五十余里，据大葱岭内，当赡部洲中，其地最高也。水乃澄清皎镜，莫测其深，色带青黑，味甚甘美。潜居则鲛、螭、鱼、龙、鼋、鼍、龟、鳖，浮游乃鸳鸯、鸿雁、驾鹅、鹔、鸨。诸鸟大卵，遗荒野，或草泽间，或沙渚上。池西派一大流，西至达摩悉铁帝国东界，与缚刍河合而西流，故此已右，水皆西流。池东派一大流，东北至佉沙国西界，与徙多河合而东流，故此已左，水皆东流……自此川中东南，登山履险，路无人里，唯多冰雪。行五百余里，至朅盘陁国。[1]

这段文字信息量非常大。玄奘是他那个时代非常伟大的地理学家，摒除因缺乏现代地理学知识和测量手段带来的问题，他对方向、距离、地形地貌的描述是口口相传和实地行走相互论证的结果。研究他的东归路线，一定要重视《大唐西域记》里提到的每一个方位，在实地加以考察、验证。

41

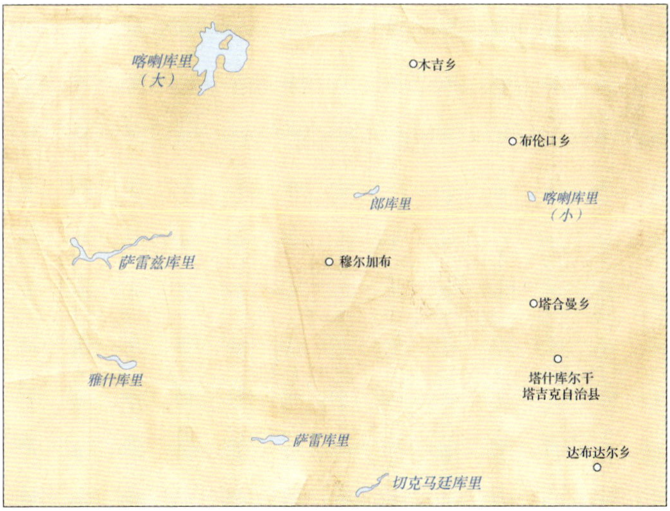

帕米尔高原湖泊示意图

1（唐）玄奘等著、季羡林等校注：《大唐西域记校注》卷12，第981—982页。

“大龙池”是确定玄奘帕米尔路线的关键。但寻找大龙池也并非易事，帕米尔高原的几个帕中，都有大大小小或咸或淡的湖泊存在。究竟哪一个湖才是大龙池，一度成为西方地理学家争论的焦点，时至今日，已有的学术研究尚未能给出确切的、经得起实地检验的答案。

不过，从现代测量的数据来看，玄奘记录的“大龙池”大小似乎有所夸张。帕米尔高原最大的湖泊是位于塔吉克斯坦境内、帕米尔高原北部哈尔果什帕米尔的喀喇库里湖 (Karakul)，其南北、东西不过 30 余公里，与“东西三百余里，南北五十余里”差距太大。

我在 2013 年考察时，特地驱车从穆尔加布市前往大喀喇库里湖。很多人都知道，中国境内的慕士塔格峰脚下也有一个著名的喀喇库里湖，风景如画，暮色或晨光中，“冰山之父”伟岸的身影倒映在平静的湖面，光影绝佳，美不胜收。我 2011 年第一次前往帕米尔高原时，就曾被傍晚湖畔瑰丽的景色所吸引，久久不愿离去。

中国的喀喇库里湖称为“小喀喇库里”，塔吉克斯坦境内的称为“大喀喇库里”，因为二者面积悬殊故以示区别，但由于现在分属两国，各自都不再称“大、小”。“喀喇”即突厥语中的“黑色”，“库里”即为“湖泊”。

大喀喇库里湖以北即为吉尔吉斯斯坦共和国与塔吉克斯坦共和国边境的吉什尔阿特 (Kizil Art Pass) 山口，距离边境约 60 公里，所以这一带也是欧洲背包客进入帕米尔高原最为便捷的通道和热门的旅游地之一。湖畔的喀喇库里村在帕米尔高原上属规模较大的聚居区，居民大都是吉尔吉斯人，开设了很多家庭旅馆，通常一个家庭旅馆里有几个房间，房间很大，根据旅客的多少摆设地铺。我抵达的时候，旅馆里住满了欧洲游客，每个房间门前都摆满了各式各样的登山靴。湖边有风力发电与太阳能发电装置，所以村子低矮的土坯房中间电线杆林立。村里有教堂和小商店，村中央竟然还有一片类似小广场的活动区，几只

大喀喇库里湖

长条凳围成一圈，正中的地上还嵌着一个巨大的圆形不锈钢杂物缸，可以用来投烟头、丢垃圾。帕米尔高原一带的卫生习惯相当好，无论是在瓦罕那样人口相对稠密的农业区，还是在人口稀少的高海拔地带，都看不到垃圾。即便是在荒野无人区，我的司机也会在露营地告诉大家，吃完早饭务必将垃圾收走。

大喀喇库里湖一望无际，烟波浩渺，湖中岛屿形迹缥缈，远处山峦高低起伏，犹如仙山，难以分清湖与山的界限。湖边波浪很大，不断冲上岸边。湿软的滩地上，遍地都是大大小小的砾石，低矮的水草丛生，疏密不一。在距离湖水一两米的岸边，覆盖着厚厚的白色盐卤，那是咸涩的湖水退潮干涸后留下的遗迹。

1836年，德国语言学家朱利叶斯·克拉普罗特认为“大龙池”即喀喇库里湖[1]。这一论断明显不符合玄奘的记录。最简单的一个理由是，玄奘曾写过大龙池的水“味甚甘美”，而我实地品尝过，大喀喇库里湖的水是咸苦的，是个咸水湖。更何况，大龙池所在的波谜罗川是东西走向的河谷，而大喀喇库里湖所在的哈尔果什帕米尔为南北走向；大龙池东西狭长，而喀喇库里湖南北略长。还有一个最为重要的标志，玄奘记述的大龙池的西、东各有一条大河发源流出，而完全没有河流由大喀喇库里湖发源流出。

大喀喇库里湖东南方还有一个郎库里湖(Rangkul)，位于郎库里帕米尔。1887年，英国学者亨利·罗林森（Henry Rawlinson）认为郎库里湖就是“大龙池”[2]。我也曾去到郎库里湖考察。郎库里帕米尔为东西走向，郎库里湖是淡水，虽然向西有一道细流流向西边的肖库里湖（Shorkul），但整体上依然是封闭状态，

1 [德]朱利叶斯·克拉普罗特（Julius Klaproth）:《法国汉学与汉僧西域行记》（*Aperçu du voyage de Hiouan Thsang*），文章出自《旅行与地理学年报新编》(*Nouvelles annales des voyage, de la géographie et de l'histoire*)，第1卷，巴黎1836年，第35—44页。

2 [英]亨利·罗林森(Henry Rawlinson)：《帕米尔高原上的大龙池》（*The Dragon Lake of Pámír*），出自《皇家地理学会每月地理记录（新系列月刊）》（*Proceedings of the Royal Geographical Society and Monthly Record of Geograph, New Monthly Series*），1887年2月第2期，第9卷。

43

郎库里湖

44

雅什库里湖

即没有任何河流由此发源流出。

另外，阿利楚尔帕米尔中有雅什库里湖，阿利楚尔河 (Alichur River) 由东向西穿湖而过，改称衮特河流向什克南，汇入喷赤河，因此也不符合波谜罗川、大龙池的记录。

第二节
“大龙池”究竟是哪个湖？

在排除了喀喇库里、郎库里、雅什库里等几个湖后，“大龙池”似乎只能是塔吉克斯坦境内大帕米尔上的萨雷库里湖（Sir-i-kul），或者是位于阿富汗境内小帕米尔上的切克马廷库里湖（Chakmatyn-kul）了。

1872 年，玉尔认为玄奘的帕米尔段路线与 1868 年英国米尔扎探险队（the Mirza Exploration）的路线完全一致，即顺着喷赤河、瓦罕河一路东行至小帕米尔，那么玄奘必然经过切克马廷库里湖。米尔扎（Mirzas）探险队听闻当地人又称切克马廷库里湖为帕米尔湖（Pamir-kul）[1]。

更多学者认为位于大帕米尔的萨雷库里湖才是大龙池[2]。萨雷库里湖又称佐库里湖（Zorkul)、维多利亚湖（ Lake Victoria)、伍德湖（Lake Wood）, 1838 年 2 月 19 日，英军上尉约翰·伍德（John Wood）到达此地，后将其命名为维多利亚湖，以纪念维多利亚女王继位[3]。持“萨雷库里湖说”的代表性的人物有：

1844 年“现代地理学之父”、德国自然科学家亚历山大·冯·洪堡（Alexander von Humboldt）[4]，1851 年法国汉学家斯坦尼斯拉斯 · 儒莲[5]，1858 年法国地理学家路易 · 圣马丁[6]，1872 年英国东方学家亨利 · 罗林森[7]，1884 年英国东方学家塞缪尔·比尔[8]，1896年乔治·寇松[9]，1907年奥莱尔·斯坦因等人[10]。

后来任印度总督、英国外相的寇松曾在帕米尔实地探险，他的论证更全面、深入，可谓集大成者。他将萨雷库里湖与切克马廷库里湖相比较，排除了后者。他认为：第一，萨雷库里湖在过去比现在更大，即使是现在它也比切克马廷库里湖大两倍；第二，中国人在历史上对萨雷库里湖有过“龙池”的表述，曾经路过的北魏西行求法者、敦煌人宋云即采用这样的称呼，说明当时人们对这个湖泊已有固定的叫法；第三，帕米尔河从萨雷库里湖的西端发源流出，符合玄奘所说“池西派一大流”的记录;第四,萨雷库里湖东虽然并没有河流发源流出，但仍有不连贯的河湖存在，可以理解为玄奘因缺乏现代装备，误以为湖东有河发源；第五，只有经过萨雷库里湖及大帕米尔，才符合“东南行”至朅盘陁国的方向，而如果走切克马廷库里湖所在的小帕米尔则是东北行 。

1 [英]亨利·玉尔(Henry Yule)：《奥瑟斯河河谷地理》(*An Essay on the Geography of the Valley of the Oxus*)，伦敦1872年，约翰·默里出版社(John Murray)，第40页。另参见[英]汤姆斯·乔治·蒙哥马利(T.G.Montgomerie)：《米尔扎探险队喀布尔至喀什噶尔勘探报告》(*Report of 'The Mirzas' Exploration from Caubul to Kashgar*),《伦敦皇家地理学会会刊》(*Journal of the Royal Geographical Society of London*)，第41卷，伦敦1871年，第132—193页。

2 萨雷库里湖又称“佐库里湖”(Zorkul)、“维多利亚湖”(Lake Victoria)、“伍德湖”(Lake Wood)。1838年2月19日，英军上尉约翰·伍德(John Wood)到达此地，后为纪念维多利亚女王继位，将其命名为维多利亚湖。

3 参见[英]约翰·伍德:《奥瑟斯河之行》(*A Journey to Source of River Oxus*)，伦敦1872年，约翰·默里出版社，第232—233页。

4 [德]亚历山大·冯·洪堡(Alexander von Humboldt)：《中亚：山脉与比较气候学研究》(*Central-Asien: Untersuchungenüber die Gebirgsketten und die vergleichende Klimatologie*)，柏林1844年，C.J.克莱曼公司(C.J. Klemann)，第404—412页。

5 [法]儒莲译《大慈恩寺三藏法师传：公元629至645年玄奘印度行记》(法文本)(*Histoire De La Vie D'hiouen-thsang, Et De Ses Voyages Dans L'inde Entre Les Annees 629 Et 645 De Notre Lere*)，巴黎1851年，第271页。

6 [法]路易·维维安·德·圣马丁:《印度与中亚地理分析——以<大唐西域记>为中心》(*Mémoire analytique sur la carte de l'Asie centrale et de l'Inde, construite d'après le Si-yu-ki*)，巴黎1858年，第176页。

7 [英]亨利·罗林森:《关于奥瑟斯河的专题》(*Monograph on the Oxus*)，伦敦1872年，《伦敦皇家地理学会期刊》(*Journal of the Royal Geographical Society of London*)，第42卷，第482—513页。

8 [法]塞缪尔·比尔(Samuel Beal)翻译:《大唐西域记》法文版(Siyuki)第2卷，第297页。

9 [英]乔治·寇松(George Nathaniel Curzon):《帕米尔以及奥瑟斯河的源头》(*The Pamirs and the source of the Oxus*)，第71页。

10 [英]奥莱尔·斯坦因:《古代和田》(*Ancient Khotan*)，牛津1907年，克拉伦登出版社，第31页。

1922年，斯文·赫定再度提出玄奘经过的“大龙池”是位于小帕米尔的切克马廷库里湖，并针对寇松的观点进行了反驳。他认为湖的大小并不能证明什么，玄奘的记录本身就有所夸张；方向也不能作为判断的依据，因为无论是从萨雷库里湖还是切克马廷库里湖到塔什库尔干，方向都不符合玄奘记录的“东南行”，塔什库尔干在萨雷库里湖的“东—北—东”（E. N. E.）方向，在切克马廷库里湖的“北—东”（N.E.）方向；而玄奘顺着瓦罕河走到切克马廷库里湖的西端，误以为瓦罕河发源流出此湖，因此记录“池西派一大流”。

赫定的观点有两点非常值得怀疑。切克马廷库里湖西端并无河流发源流出，瓦罕河（发源于中国境内的瓦罕基尔山口）只是流经湖西边，而赫定解释是玄奘“误认为”它发源流出于湖的西端。但是切克马廷库里湖凹在山地之中，西端最宽处仅约2公里，环绕西端的湖岸高出湖面10多米，且有数条河流从北面山上呈扇形密集流入湖中，周边的地形高低和河水流出还是流入一目了然，如果玄奘真的经过此地，不可能认为瓦罕河由湖西发源流出。此外，赫定认为玄奘夸大了大龙池的规模，但切克马廷库里湖南北宽仅2公里，湖的南北两岸距离山脚也各仅2公里，可以完全纳入人的肉眼视野内，玄奘将其夸大为“南北五十余里”则太过牵强。

赫定还犯了一个简单的大错误。虽然缺乏现代的地理知识，但是随着商队跋涉万里的玄奘不可能没有基本的方向感，因为这是古代旅行的最基本要求。“自此川中东南，登山履险，路无人里，唯多冰雪。行五百余里，至朅盘陁国”的方向他不可能记错。赫定认为无论经过萨雷库里湖还是切克马廷库里湖前往塔什库尔干，都不符合玄奘记录的“东南行”方向，但玄奘记录的是前往方圆“两千余里”的朅盘陁国，而不是朅盘陁国的都城，方圆仅“二十余里”的塔什库尔干，它们之间近似于是“面”和“点”的关系，赫定错误地以“点”代“面”。

切克马廷库里湖的东端确实有一条阿克苏河 (Aksu River) 发源流出，它向东偏北流，方向符合玄奘的记录，这也是持“切克马廷库里湖说”者的重要证据；它流出今阿富汗国境后，抵达了塔吉克斯坦境内的定居点——吉什尔腊布特 (Kzylrabot)，后改向北流，并在穆尔加布东面与北来的阿克拜塔尔河 (Akbaital

45

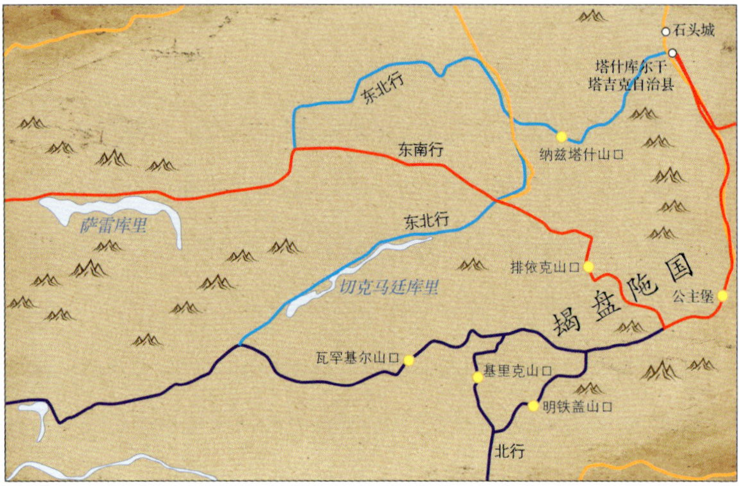

“自此川中东南”的线路图

River) 交汇成穆尔加布河 (Murghab River)，又转向西流，与巴塘河 (Bartang River) 交汇后继续西流，在罗善 (Roshan) 附近汇入喷赤河，在帕米尔高原上绕了大半个圆圈，也是自然界的奇迹。

玄奘记录“池东派一大流，东北至佉沙国西界，与徙多河合而东流”。1836年，朗德雷斯已经考证“佉沙国”即位于今天的新疆喀什绿洲 [1]，一百多年来，此

1 [法] 欧内斯特·克勒克·德·朗德雷斯（Ernest Clerc de Landresse）:《玄奘和法显的旅行》（*Itinéraire De Hiuan Thsang, in Fa-hsien*）。参见 [法] 让·彼埃尔·阿贝尔·雷慕沙（Jean-Pierre Abel Rémusat）翻译的法显著作《佛国记》（法文版）（*Foĕ Kouĕ Ki,ou Relation des royaumes bouddhiques : voyage dans la Tartarie,dans l'Afghanistan et dans l'Inde, exécuté, à la fin du IV-e siècle, par Chy Fa Hian*），第 399 页。参见 [德] 克拉普罗特《法国汉学与汉僧西域行记》。

说已成公论，因此玄奘的记载并不符合事实，小帕米尔、大帕米尔与喀什之间有分水岭相隔，不可能有流到喀什的河流。玄奘第一次经过此地，没有现代的测绘、遥感技术与地图，因此很难完全准确了解这些地理情况。玉尔认为玄奘有此错误认识，是受到了印度神话影响[1]。

根据以上的情况判断，玄奘并未经过切克马廷库里湖，也即没有经过小帕米尔。

46

正在转向北流的阿克苏河

1 ［英］亨利·玉尔：《东域纪程录丛：古代中国见闻录》（*Cathay and the Way Thither*），伦敦 1866 年，第 2 卷，《哈克里特学会会刊》（*Hakluyt Society*），第 347—348 页。

第三节
大龙池河流发源之谜

既然切克马廷库里湖不可能是“大龙池”，那么只有一个选项：大龙池是萨雷库里湖。但这样的话也有两个问题很难以解释：

第一，并无河流从萨雷库里湖的东端发源流出；第二，萨雷库里湖远不及“东西三百余里，南北五十余里”的范围。

其实这两个问题是一枚硬币的两面。

有一个有趣的发现，除了寇松外，持“萨雷库里湖说”的人都对湖东并无河流发源仿佛视而不见，这是一个非常奇怪的现象。但仔细阅读流行的《大唐西域记》《大慈恩寺三藏法师传》的比尔英译本、儒莲法译本后，对此就不难理解了：这四个译本都没有准确地翻译出“派一大流”中的“派”在古汉语中是“发源”的意思，而只是译为“有”：在湖的东端、西端各有一条河流[1]。

萨雷库里湖长约20公里，最宽处近5公里，还是远小于玄奘对大龙池的记录。尽管玄奘记录的数据或许有所夸张，但不至于差距如此之大。

2013年7月和2014年8月，我曾两次横穿大帕米尔，对其上河湖分布做过实地观测。

47

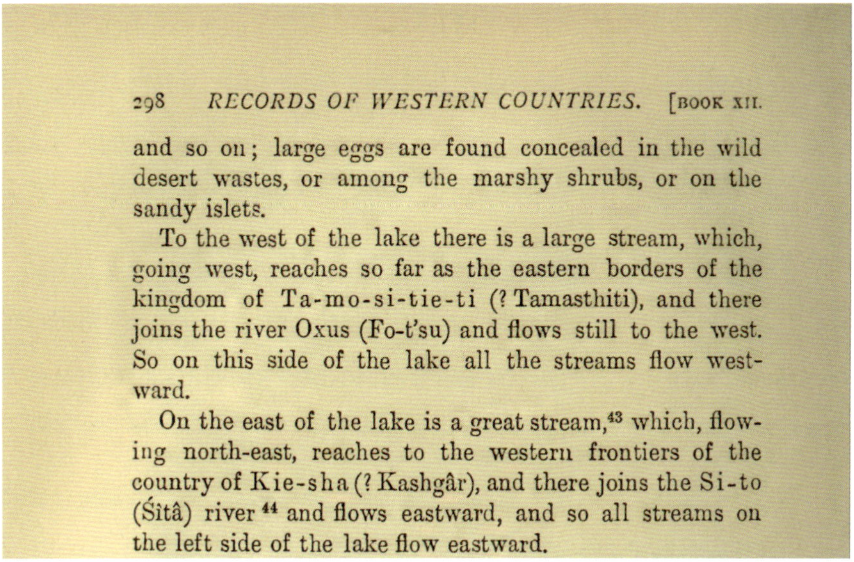

298 *RECORDS OF WESTERN COUNTRIES.* [BOOK XII.

and so on; large eggs are found concealed in the wild desert wastes, or among the marshy shrubs, or on the sandy islets.

To the west of the lake there is a large stream, which, going west, reaches so far as the eastern borders of the kingdom of Ta-mo-si-tie-ti (? Tamasthiti), and there joins the river Oxus (Fo-t'su) and flows still to the west. So on this side of the lake all the streams flow westward.

On the east of the lake is a great stream,[43] which, flowing north-east, reaches to the western frontiers of the country of Kie-sha (? Kashgâr), and there joins the Si-to (Śîtâ) river [44] and flows eastward, and so all streams on the left side of the lake flow eastward.

《大唐西域记》的比尔 1884 年英译本

48

2013 年 7 月考察车队在大帕米尔

从地图和卫星图片明显可以看到，大帕米尔中排列着一连串湖泊，其间有河流相连，从最西的查干库里湖 (Cakankul) 到最东的喀喇东库里湖 (Kara dunkul) 直线长约 54 公里，最宽处约 14 公里。

萨雷库里湖在其中偏西，帕米尔河由萨雷库里湖西端发源，流向西方，这一点确凿无疑。萨雷库里湖东部有一片连绵的湖区，再向东即由喀喇东库里湖东部发源的伊斯提克河 (Istyk River)。

在八个帕米尔中，大帕米尔的谷底海拔最高，超过 4100 米，而喀喇东库里湖面海拔 4280 米，是帕米尔高原海拔最高的湖，它向西不到 2 公里就是大帕米尔的谷底最高处，海拔达到 4295 米，这里就是帕米尔河、伊斯提克河的分水岭，与玄奘认为的大龙池“其地最高也……故此已右，水皆西流……故此已左，水皆东流”非常吻合。

在我于 2013 年和 2014 年夏天两次考察大帕米尔期间，由于冰雪融化，谷地上的河流漫流无际，河湖难辨。我在寻找帕米尔河发源的河口时，颇费周折，湖面有宽有窄，很难辨别何处是真正的发源处。大帕米尔最宽处达 14 公里，从北向南，地势起伏，呈缓坡状降低。2013 年我走的是下方通道，2014 年走的是上方通道，两次观测河湖的视角差异非常大，且因地形起伏，限制视角，很影响对远处具体河湖的分辨。从下方通道经过时，河湖看起来近在咫尺，实际走起来却非常远，距离大约有三四公里，而且没有路。我尝试着前往湖边，在走到一半时土壤变得湿润，踩下去地面松软下陷，很难继续前行。玄奘当时跟随商队，不知走的是上方还是下方通道，他每天都要匆忙赶路，而要在尽可

1 参见儒莲翻译的《大慈恩寺三藏法师传：公元 629 至 645 年玄奘印度行记》，第 272 页，以及他翻译的《大唐西域记》（法文本）（*Mémoirés sur les Contrées occidentales*），第 2 卷，第 298 页。比尔翻译的《大唐西域记》（英文本）（*Siyuki*），第 2 卷，第 298 页，和他翻译的《大慈恩寺三藏法师传》（英文本）（*The Life Of Hiuen Tsiang*），第 198 页，伦敦 1914 年，科岗与保尔·特伦奇与特吕布纳有限公司（ Kegan, Paul Trench, Trübner& Co. Limited）出版。

能短的时间内通过这段高海拔路段，时间不允许他在河边一路观测。

所以我认为，玄奘当年经过的时候正值夏季融雪季节，池东湖区连成一片，形成连成一体的河湖地带，由于缺乏现代地理知识，又受到高原顶上有一个大

49

2014 年 8 月由瓦罕翻越帕米尔的 GPS 轨迹 资料来源：侯杨方《丝绸之路地理信息系统》

湖的印度神话影响，玄奘先入为主了，第一次经过这里的玄奘，将其观察视野内的整个断续的水域当成了整体，统称为“大龙池”[1]。斯文·赫定所处的时期，因为缺乏现代地理测量的技术手段，更没有卫星图片，所以他也看不到这一点。两派都将大龙池狭隘地认定为现代地理认识中的萨雷库里湖，所以都无法解释“池东派一大流”的说法。

因此，玄奘横渡“大龙池”东端发源流出的伊斯提克河，并认为它是流向

1 帕米尔高原的很多山口海拔超过了 4500 米，只有在夏天融雪时才能通行。另，玄奘提到了波谜罗川“春夏飞雪”。

“佉沙国西界”的“池东派一大流”；而“大龙池”向西发源的帕米尔河在喷赤堡以东附近（即达摩悉铁帝国东界），与瓦罕河合流而成喷赤河，这也和“池西派一大流，西至达摩悉铁帝国东界，与缚刍河合而西流”的记录完全相符。

十九世纪欧洲人探索帕米尔高原的一项重要内容，就是寻找阿姆河（时称 Oxus）的源头，他们在阿克苏河、喷赤河、帕米尔河、瓦罕河之间争执了多年。很长一段时间里，阿克苏河—巴塘河被误认为是阿姆河的正源。最终寇松经过实地考察，于 1896 年考证出喷赤河发源于中阿边界瓦罕基尔山口西侧的冰川，瓦罕基尔河—瓦罕河—喷赤河才是阿姆河的正源，找到了它的源头[1]；而早在一千多年前，玄奘已经明确了瓦罕河，即缚刍河 (又称乌浒河，即 Oxus)，为阿姆河的正源。

但如果按实际“河源唯远”的原则，阿姆河的源头就在瓦罕基尔山口的分水岭，现在的中国与阿富汗边界线的一号界碑处。

有意思的是，实地考察还为我提供了“波谜罗川”是大帕米尔的佐证，出场的证人正是高仙芝。在玄奘经过此地一个多世纪以后，镇守安西都护府的唐朝大将高仙芝率领一万大军、几万匹马经葱岭守捉（位于今新疆塔什库尔干县石头城，唐开元年间设立），穿过葱岭，远征小勃律（今巴基斯坦吉尔吉特附近）。这是世界军事史上的奇迹，也是唐朝在安史之乱前的最后辉煌。据《旧唐书》记载，高仙芝率军进攻吐蕃占据的连云堡，而连云堡在今阿富汗瓦罕行政区萨尔哈德村之南的瓦罕河南岸，他的军队“又行二十余日至播密川”，“播密川”即玄奘所说的“波谜罗川”，再到“五识匿国”，即玄奘提到的“尸弃尼国”。

经过瓦罕时，我突然想到，连云堡的吐蕃人守卫着瓦罕河峡谷西端出口，假如“播密川”指的是小帕米尔，大军西行必然要经过狭窄的 V 型瓦罕河峡谷，

1 相关的争论与源头的确定参见寇松《帕米尔以及奥瑟斯河的源头》，第 33—39 页。

50

“池东派一大流”的伊斯提克河

51

瓦罕基尔山口；阿姆河的源头冰川，正在融化西流的冰水，另一端向东流，成为塔里木河的源头之一

一万人大军与几万马匹在狭窄的峡谷中要排成数十公里的纵队，不仅无处扎营，容易受到下午至半夜不断上涨的河水淹没而无处躲避，而且从吐蕃连云堡眼皮底下，排成一线纵队直接西行奔向五识匿，极易被敌人逐个击破。这不是奇袭连云堡，而是大摇大摆的武装游行。但事实上，此战高仙芝分兵布局设计精妙，通过奇袭连云堡而取得了大捷,他显然不会犯这样的低级错误,因此“波谜罗川”所指的一定是大帕米尔，而不可能是小帕米尔。

关于高仙芝奇袭连云堡、小勃律的详细过程我将在其他著作中描述。

第四节
两次横穿“波谜罗川”

玄奘由瓦罕谷地东北翻山越谷，走了七天，经历重重危险，海拔从 2800 米上升到了 4200 米，终于到达大帕米尔。

东北行这段路的确险峻异常，高山深谷，帕米尔河在 120 公里内落差近 1400 米，水势凶猛可想而之。我穿越这条河谷时的历险在瓦罕一节已经详述。我们今天尚且有依山开辟的苏联边防军国境巡逻道路可供行车，而玄奘经过时，只有狭窄的山路可供通行，陡峭处想必更加危险。

玄奘即将穿越的大帕米尔谷地开阔，长约 100 多公里，最宽处超过 14 公里，北边是南阿利楚尔山脉 (Southern Alichur Range)，南边是瓦罕山脉 (Wakhan Range)，均常年积雪。玄奘对这里的描述十分贴切，我认为是整部《大唐西域记》中最华彩的一章：

> （波谜罗川）东西千余里，南北百余里，狭隘之处不逾十里。据两雪山间，故寒风凄劲，春夏飞雪，昼夜飘风。地碱卤，多砾石，播植不滋，草木稀少，遂致空荒，绝无人止。

玄奘如果今天看到1300多年后我拍的这张照片，他一定会毫不犹豫地直喊出“波谜罗川”，这应是他此生中最难忘的经历。

大帕米尔高山阔谷，景色壮美，自然环境却十分恶劣。这里砾石遍地，草木稀少，大片白花花的盐碱地透出死寂，整条谷地里完全没有定居点。这些情景完全符合玄奘对波谜罗川的描写，而其他七个帕米尔均未能全部具备这些特征。

2013年7月下旬，我带领考察队进入大帕米尔东端后，徒步20余公里考察了海拔约4560米的班德斯基山口，它是大帕米尔通向小帕米尔的捷径，也是塔吉克斯坦通向阿富汗最便利的通道，是“大博弈”时代的欧洲探险家们喜欢走的一个山口。由于这个山口是俄国测绘学家班德斯基（M.Bendersky）于1883年发现的,俄国人便把山口的原名“安德明”改作“班德斯基”。有趣的是，这个人后来在英国少校亨格福德 · 霍尔迪奇（Hungerford Holdich）的雅尔特拱拜孜聚会上曾经出现过，那一次和他们同框的还有斯文 · 赫定。

由于从班德斯基山口返回大帕米尔时天色已晚，不可能再穿越大帕米尔前往瓦罕，考察队便在东端扎营过夜。当时的大帕米尔一天之中的温度在零下10摄氏度到35摄氏度之间，温差极大。白天，气温超过了35摄氏度，阳光暴晒，穿着长袖快干衣和T恤徒步，仍旧会出汗，但必须戴着帽子、太阳镜，裹着头巾抵挡强烈的紫外线。到了夜晚，气温却骤降至零下10摄氏度。由于驾驶员们没有想到会在海拔4000米以上扎营，只准备了单层帐篷和薄薄的睡袋，大多数队员和衣而卧,挨过了一个漫长的不眠之夜。夜半时分走出帐篷,夜风极冷，吹得头疼欲裂。我在帐篷里如同睡在一块冰上，一夜未眠。早上起来，发现搭在帐篷外的毛巾已经冻得像根冰棍。太阳跃出山梁之前，气温依然极低，然而极目雾气中的大帕米尔，却是令人心胸开阔。早起的牧羊人已经赶着羊群爬上了山岗，阳光在羊背上镀上了一层闪闪的金光。

在大帕米尔扎营是件既艰苦又浪漫的事。花花绿绿几顶帐篷点缀在荒无人

从瓦罕东北行翻越大帕米尔的道路

迹的旷野上，煞是好看。傍晚，我步行到500米开外的河边，听着哗哗的水声，就着清澈的流水，披着金色的夕阳洗漱。如果不怕雪水冰冷，还可以将脚从厚重的登山靴中释放出来，用冰川之水濯洗一番，相当解乏。夜晚虽然寒冷，但夜色中，月上东冈，雪顶星光，瑰丽奇美，难得一见。

美中不足的是食物，一碗国内采购的泡面加上司机们带的马肉肠，是晚餐的最高配置，与司机们无法煮熟（海拔高，水的沸点低，烧不到100摄氏度，所以无法煮熟）、味同嚼蜡的通心粉相比，已是相当美味了。早餐是每人半碗用奶拌和的白色米糊，喝到嘴里有股腥味，但也没别的东西可吃，只好吞咽几口了事。

2014年8月下旬，我带领考察队第二次经过大帕米尔东部时遭遇了暴风雪。天气瞬息变幻，阴云密布，细雨洒窗，寒风凄劲，不时有冰雹、雪花来袭。在翻越海拔超过4477米的吉什尔腊布特山口 (Kzylrabot Pass)[1] 时，山峦和谷地已满是积雪，天地之间白茫茫一片，队员们冷得在车里还要穿上羽绒服才足以御寒。由于气温过低，越野车性能降低，地面又泥泞湿滑，爬坡时非常吃力。想想我们还能躲在越野车中取暖，玄奘则要完全以肉身迎战这些自然界的敌人。高仙芝的部队就更生猛了，他们打完仗回程时已是秋季，那时大军很可能要踩着过膝深的积雪穿越大帕米尔，那场面该是何等壮烈，如果这段历史能够拍成大片，一定会非常震撼。

露营的第二天，考察队横穿大帕米尔，主要目的是考察“大龙池”。我很想品尝一下萨雷库里湖水的味道，是否如玄奘所说的那样甘美，但由于道路距离湖边非常远，徒步往返一趟估计要花两三个小时，司机担心当天又被困大帕

1 吉什尔腊布特山口，坐标：东经37°31'53.97"，北纬74°30'45.94"。山口，突厥语系发音为“达坂”(Dawan)，英文译为“pass”，是确定路线的重要地标。

据两雪山间，故寒风凄劲，春夏飞雪，昼夜飘风。地碱卤，多砾石，播植不滋，草木稀少，遂致空荒，绝无人止

米尔，坚决反对。远远望去，湖边打着连续的木桩，拉近相机可以看到原来拉着铁丝网，塔吉克斯坦和阿富汗的边界线就从萨雷库里湖湖中划过。

在寻找帕米尔河的源头时，我们驱车靠近湖边，发现边界的铁丝网并非严密的防护线，很多段散落在地，无人管理。我虽未像玄奘那样品出湖水甘美的味道来，但明确了它是淡水的事实。

令人难忘的还有埋伏在水边斗大的蚊子，我刚一下车，它们就像战斗机一样，成群结队地冲过来，撞在我脸上和身上。好在它们并不咬人，我也就坦然地在“枪林弹雨”中前行了。

那天，考察队的车在大帕米尔坏了四次。第一次抛锚时，我还完全没有意识到，今后的行程将与抛锚修车相伴。在塔吉克斯坦东部山区跑的车大都比较老旧，在瓦罕的路边时常能见到七八十年代甚至更早苏联出产的老式轿车，我只在霍罗格见过一两部还不错的轿车。所以，修车成为路边一道常见的风景。回想在塔吉克斯坦阔勒买山口（Kulma Pass），阿伊达拉以及他的两个小兄弟开着三辆车前来接我。他们三个都是吉尔吉斯人，阿伊达拉年长些，身材瘦小，面色黧黑，不苟言笑，戴着眼镜，一只眼睛失明。另两个是毛头小伙子，一个20多岁，一个更年轻，是暑假打零工的大学生。三辆车都是二手的越野车，其中一辆车的里程数已达到37万公里，跑起来的响声总让人担心它随时会散成一堆零件，一路的尘土从各种缝隙中直往车里钻。有一次我所在的车顶上的油桶（无处加油，只能自带）洒了，刺鼻的汽油味刚刚窜出来，褐色的汽油就“哗”地在车窗上印了一幅泼墨山水画。后来行程中每一次停车，司机阿伊达拉做的第一件事要么是去河边打水，给车降温，要么是从脚底拎起一只扳手，吭哧吭哧去拧左后轮。

当阿伊达拉的车第三次抛锚时，太阳已经开始下山了，风渐渐凉起来。苍茫的大帕米尔前后不见人烟。阿伊达拉钻到车底捣鼓了半天后，爬了出来，找

54

寒冷的帕米尔

55

春夏飞雪：翻越吉什尔腊布特山口

了几件工具又钻了下去。过了一会，他拉开后边的车门，将一根拳头粗细、与车身基本等长的铁管塞到座前，令人瞠目。接着又捣鼓了一会，车子的马达终于又轰鸣起来。但接下来从大帕米尔到瓦罕一路上的“之”字形悬崖路段，阿伊达拉开得飞快，就有了前面提到的那一段……

后来，这三辆车每天至少趴窝两次以上。三个人对付它们的办法就是共享零配件。一辆车不行了，就从另外两辆车上拆点东西下来装上。发动的时候需要两人配合，比如阿伊达拉的车发动不了了，就需要打开前盖，一个司机在前面手动连接着什么,另一个人负责启动。有时候火点不起来,阿伊达拉还会从小包里“噌”地拿出一支注射器，哪辆车动不了就扎下去，办法虽土，却行之有效。

一路上，不知因为司机是吉尔吉斯人还是别的什么原因，我们总是被塔吉克斯坦的边防勒索。塔国的边防在路中拦起一根杆子，车辆通过都要留下买路钱，收多收少可能要看司机的公关能力和军爷们的心情。就在大帕米尔西端唯一的边防检查站，司机还被敲诈了一笔。阿伊达拉在哨卡被三个军人带进营房，良久才愁眉苦脸地出来,说行了贿才能放行。在这个哨卡,我们大概花了45分钟，后来知道，之前有两辆车在这里被扣留了一个半小时左右，而且局面一度非常紧张，最后也是靠行贿才得以通过。

我们从M41即著名的帕米尔公路前往大喀喇库里湖时，中途停车在路边吃午饭、啃西瓜，一辆军车从旁经过。当时车上的军人瞄了我们一眼，并没有停车，但没多久就调头回来，要求检查所有人的护照，然后一言不发地收走了阿伊达拉的护照，扬长而去。直到我们出关回国的前一天，他的护照还没有拿回来 ，因为对方要他交一大笔钱。塔吉克斯坦租车的费用是一百美元一天，这当中除了汽车的租用费外，还有要上交给老板以及支付勒索费用的部分，司机个人赚到的钱非常有限。三个人为了节省开支，每天晚上都睡在车里。对阿伊达拉来说，交了护照的赎金，那些在零下几摄氏度的夜里猫车厢的辛苦可能就白费了。

第五节
帕米尔的温泉：雅尔特拱拜孜

玄奘从西向东走过整个波谜罗川后，“自此川中东南，登山履险，路无人里，唯多冰雪。行五百余里，至朅盘陁国”。他在这句话中写明了行走的方向、路程、路况以及目的地。然而，后世的探险家们在分析玄奘的行走路线时，依然南辕北辙，让玄奘“东北行”去翻越一个他这一生都没有去过的山口。

朅盘陁国位于塔克敦巴什帕米尔，也就是今中国塔什库尔干县所在地。玄奘从大帕米尔东端走到这里，走的是一条丝绸之路的常规道路，这条路虽仍处高海拔地区，且中途要翻越两个海拔达4500米左右的山口，但已经不像大帕米尔那样“荒无人迹”。在这段“五百余里”的路上，他会连续经过帕米尔高原上少见的定居点，一个现在叫做雅尔特拱拜孜，另一个叫吉什尔腊布特，后者同时是附近一个玄奘必须要翻越的山口的名字。路过时，他也许还在这里看到过佛像，然而到了今天，雅尔特拱拜孜只有一个塌掉了半边的、用夯土堆出来的伊斯兰教风格墓地。这个地名也由此而来，并且与乾隆皇帝有些关系。当年乾隆派兵打到西帕米尔后，士兵们见到了这座残破的坟墓，当地人将它叫作“Jarty Gumbez”，即“半圆残破的拱拜孜”，久而久之也就变成了这里的地名。

丝绸之路上有佛教遗址，如佛寺、佛窟以及墓地的地方，一定曾经是商队经过之路或定居点。雅尔特拱拜孜也体现了其地处交通要道的身份。光绪年间，清军肃清阿古柏势力后，还在此设置了雅尔特拱拜孜卡伦，卡伦即边防哨所。

雅尔特拱拜孜还有一样独特的资源：温泉水。从地表冒出来的滚烫温泉水，一路从山上流下，温暖并滋润了这一片土地，使这里成为帕米尔高原上宜居之地。玄奘在行走过苦寒的大帕米尔以后，想必也曾跳到温泉池里好好泡了个澡，放松身心，我也先后两次在此投宿、泡温泉。

根据苏联军事地图以及实际考察得到的信息，从雅尔特拱拜孜出发有两条路：一条路先向北，再折向东，顺着伊斯提克河谷往东北方向走一段后，到达南北流向的阿克苏河谷；另外一条路先向东，再折向东南，前往定居点吉什尔腊布特，中途要翻越海拔 4477 米的吉什尔腊布特山口。这两条路指向两个不同的山口——纳兹塔什和排依克，玄奘走的究竟是哪一个山口，是十九世纪西方学术界争论的焦点。

吉什尔腊布特位于阿克苏河北岸的交通要冲，地处小帕米尔的东端，从大帕米尔东南行的道路在此与小帕米尔的道路汇合。我认为，这一条才符合玄奘的“自此川中东南”的路线。

今天的雅尔特拱拜孜，只有两户吉尔吉斯人家住在河边的山坳里，我猜测他们住在这个山谷里一是避风，东西两侧的山体挡住了寒冷的气流，二是取水便利，温泉水和一条小河仅咫尺之遥。

主人家祖孙三代住在几间平房里，房屋边上还搭着一顶白色的尖顶圆帐篷，保留了游牧民族的本色。不可思议的是，他家建造了一间在帕米尔高原上绝对算得上奢华的温泉房。推门进去，长宽约五米的温泉池上正蒸腾着氤氲的热气，池壁和墙壁上贴了青色的小片瓷砖，池边还有水泥地面的洗浴区，并挖了污水导流通道。与山坡上一间木片搭起来的温泉房相比，这里简直是五星级配置。

56

雅尔特拱拜孜：交通要道和狩猎基地，路牌上即马可·波罗盘羊角

57

穆尔加布赛马

主人之所以花大价钱修建这间温泉房，可能因为当地是著名的国际狩猎区，每年有不少欧美狩猎者前来居住。附近的路边有狩猎区的标识牌和成堆的帕米尔独有的马可 · 波罗盘羊角，看上去蔚为壮观，但也足够凄厉。

2013 年 7 月 26 日，我们考察队曾在这里投宿。依稀还记得，主人家的一群孩子好奇地望着我们这群外来人。主人为我们一行人提供了一个大房间，没有床或炕，大家打开睡袋在地毯上打地铺将就。房屋中间有一只火炉，烟囱通到屋顶上，用来烧水、取暖，这和我在新疆住过的柯尔克孜人家一模一样。晚餐是等不及主人家做的，每个人吃了一碗方便面。好在温泉水相当解乏，水池的长度还能让人游个泳，伸展一下腿脚。牛群睡在河的另一边，河上架着一条木头扎成的小桥。山不是太高，早上可以爬到山冈上看日出。往山坡的另一边走，可以看到一股热泉顺着山坡向下流淌，水温远比温泉池中的要高。

想象一下，一百多年前，这里曾是英俄“大博弈”的核心地带，两国的军营驻扎于此，对边界的划定争执不休。英国少校亨格福德 · 霍尔迪奇曾在他的著作《印度边境》（*The Indian Borderland*,1880—1900）中记述了当地的娱乐活动。1895 年他参与英俄划界收尾工作时，在雅尔特拱拜孜营地看过一次夺羊比赛。这场比赛叫做“Ulak”,是俄国军营中的吉尔吉斯人办的。比赛规则很简单，一个人骑马背着一只或死或活的羊，躲开所有追逐者，看谁能在最短的时间内抵达选定的空地。此外，还有一些为男孩子们举行的爬山比赛。

我在帕米尔高原时，也常会与当地人的节日庆典不期而遇。2013 年从穆尔加布前往吉什尔腊布特，途中偶遇翻译古尔娜拉（Gulnara）小姐的姨妈，受邀到她家过“大年初一”。古尔娜拉之前并不知道姨妈就住在这里，所以两人见面分外亲热，不断地行贴面礼。脱鞋进屋以后，女主人在地毯上铺上一张长长的、印有金色花纹的桌布，然后端进来一盆油炸粉果一样的食品，往桌布上一撒，很有些节日的喜庆气氛。当地人将这种油炸果子叫作“boosoko”。之后又端上来几碟硕大的黄油球和白砂糖。电视里女主播在播报热闹的节日新闻，首都杜尚别正在举行盛大的庆祝集会。新年的庆典活动非常多，后来我在穆尔加布附近还看过一场赛马比赛。

1895 年，霍尔迪奇在参加过上述那些官方娱乐活动以后，急于前往中国的萨雷阔勒地区考察。萨雷阔勒岭是塔克敦巴什帕米尔的西部边界，与慕士塔格峰、喀喇昆仑山一起作为东部塔里木河流域与西部阿姆河流域的分水岭，也是中国与吉尔吉斯斯坦、塔吉克斯坦、阿富汗、巴基斯坦的国界线所在。核对过俄国地图，他选择了一条最近、也是最明显的路线，即经吉什尔腊布特山口，穿越排依克山口。翻过这个山口，就进入了塔克敦巴什帕米尔。数天之后，他们又从同一山口返回。

出发之前，当时最负盛名的探险家斯文·赫定和其他几人来到军营，表达了对中国的兴趣，希望能与霍尔迪奇一同前往。由于斯文·赫定鼎鼎大名，他受到了热烈欢迎。在这里，他还见到了在喀什结识的老熟人英属印度驻喀什的总领事马继业 (George Macartney)，以及曾发现了班德斯基山口的俄国人班德斯基。

斯文·赫定在后来详细描述了 9 月 4 日途经吉什尔腊布特山口的情况，与我 2014 年经过时极为相似：

> 一个星期前，有报告说这个山口不能通行了，但帕米尔上的天气条件变化迅速，我毫无困难地通过了这里。通往山口的路在一个巨大而平缓的草坡上，右边是红色和灰色的悬崖，左边是排依克河……下雪后，泥土变得松软泥泞。我很小心地骑着马，旱獭机警地半身探出洞外，一遇到动静就倏地钻回去。

2014 年 8 月下旬，我们经过吉什尔腊布特山口时，恰好也接近这个时间。在上一节已提到，当时我们考察队遭遇了风雪，山口上瞬间白茫茫一片，地面变得湿滑，越野车两度陷进泥里，司机设法增加了摩擦力才顺利爬到坡上。但这个山口平缓、开阔，行人和驮着物品的骡马、毛驴等通过完全没什么问题。

顺便一提，上文提到的翻越排依克山口回来的那群英国人以及赫定等人，在离开了吉什尔腊布特以后，又向西翻越了巴罗吉尔山口（Barōghil Pass）和达尔科特山口（Darkōt Pass），他们正是沿着高仙芝远征小勃律的路线，回到了英属印度。

这就是帕米尔的奇妙之处，古往今来的奇人们在此不期而遇，翻越同样的山口，跋涉过同样的河谷。当然，这也是我能精准复原帕米尔丝绸之路的路线的根本原因：巨大的雪山及其可通行的山口与河谷亘古未变。

从大龙池发源的伊斯提克河，在山谷里蜿蜒曲折地流淌。玄奘到达雅尔特拱拜孜温泉稍事休整，他随后转向“东南行”。疑问出现了，由这里翻越萨雷阔勒岭进入塔克敦巴什帕米尔，东向或东南向有两个常用的山口，正东方的是纳兹塔什山口，东南方的是排依克山口。玄奘走的究竟是哪一个山口？十九世纪的探险家们为此又忙不迭地推论、考察，却始终无法达成一致。

玄奘站在这个路口，他不会知道六百年以后，有一个欧洲人与他站在了同一地点，后者选择了向正东方向继续前行，朝纳兹塔什走去。这个欧洲人名叫马可·波罗，他同样也不知道，这里曾留下过一位名垂青史的中国和尚的足迹。

玄奘和马可·波罗走的是不是同一条路？

我在越过吉什尔腊布特山口后，沿着伊斯提克河东行，渡过阿克苏河，到达只有几所空无一人的牧屋的吉什尔腊布特村，此地位于小帕米尔，向西一马平川就是阿富汗，向南、向东越过雪山就是中国。玄奘当年走到这里是如何选择路线的呢？

三国交界的要道吉什尔腊布特，位于塔吉克斯坦，远处是中国（山的另一侧）、阿富汗（右侧）

小帕米尔和阿克苏河，前方就是排依克山口

第五章

阳光照耀塔什库尔干

塔什库尔干闪耀美丽。站在谷地中央，东侧是塔河漫流的阿拉尔金草滩，牧民白色的帐篷就安扎在河水边；西侧是高耸入云的萨雷阔勒岭，中塔国界线就在岭上划过；城北的山坡上耸立着历尽沧桑的石头城，俯视着它曾经主宰过的这片土地。

第一节
南辕北辙的明铁盖山口

假如玄奘和我生活在同一时代，在翻过巍峨的萨雷阔勒岭以后，他就能回到祖国的怀抱了，那他的心情应当和我在穆尔加布等待塔吉克斯坦的开斋节假期结束，阔勒买山口重新开放的心情是一样迫切而兴奋的。吃了太久的西红柿、黄瓜和洋葱色拉后，我渴望塔县川菜馆的酸菜鱼、炒腊肉和青菜。

但当时的玄奘离大唐国境还很远，所以他还要在未来面对一个又一个陌生的国度和一个又一个充满挑战的山口。

塔什库尔干边境线上的山口依次排开。自北向南再向西的山口分别是纳兹塔什、排依克、托克满苏、西克克吐鲁克以及最西端的瓦罕基尔，由此国界线折向东行，自西向东依次为基里克、明铁盖和红其拉甫。其中纳兹塔什、排依克在中国与塔吉克斯坦边境，西克克吐鲁克、瓦罕基尔在中国与阿富汗边境，其余均在中国与巴基斯坦边境。我曾带领考察队在春季和夏季多次去了其中的纳兹塔什、排依克、瓦罕基尔、明铁盖和基里克山口。

在当地，山口被称为“达坂”，当年欧洲探险家们就是用这个词语与当地人交流。这些山口多数是过去当地人和商队常用的通道，虽然一年当中可能只有几个月能够通行。

红其拉甫山口虽然是 314 国道的终点、中巴公路上的过境山口，但因海拔高达 4700 米，且境外山形险峻，水流湍急，只能在冬季通行，而且在古代并不适合驮物的驴、马行走，因此少有商队途经此地。

在此特别强调一点，我要找的丝绸之路，是“驴背上的丝绸之路”——既不是人徒步行走的道路，也不是能驾车通行的 314 国道。人能走的地方，驮货的驴、马和骆驼不一定能通过；而现代公路与古代道路的地理要求不同，例如我们驾车沿叶尔羌河谷前往莎车的道路，两岸是悬崖峭壁，很多路段完全是炸山修路形成的“老虎嘴”，叶尔羌河水流湍急，河谷险峻，植被稀少，古代商队根本不可能从这里走，314 国道经过的盖孜河谷也类似。

一直以来，国内对这段路线的研究不是含混不清就是有所欠缺。《大唐西域记校注》对玄奘如何翻越山口回到塔克敦巴什帕米尔这一段路线没有任何说明；对朅盘陁国的方位、范围，也没有考证与引述，只是说“即今塔什库尔干”。最早准确考订出朅盘陁国方位的是亨利 · 玉尔 [1]；另外，《大唐西域记校注》将流经石头城的徙多河定为叶尔羌河也不准确，玄奘在此处见到的是叶尔羌河的上游支流——塔什库尔干河 [2]，而在石头城的纬度上，两河间的东西直线距离在 80 公里以上。

阴差阳错，明铁盖山口竟然是长期以来具有“权威”意义的玄奘入境山口。2013 年 4 月 23 日，我带领考察队驱车前往明铁盖山口，在海拔 4200 米处，见到了 2005 年中央电视台与喀什市人民政府合立的纪念碑，上面刻的是红学家

1 [英] 亨利 · 玉尔：《奥瑟斯河河谷地理》，第 18 卷。

2（唐）玄奘等著、季羡林等校注：《大唐西域记校注》卷 12，第 983—984 页。

急流滚滚、植被稀少的盖孜河谷，314 国道还是悬崖路，因近年上游修建了水库，建起了高架桥与隧洞，此景已经不复见。
拍摄于 2013 年 4 月 26 日

冯其庸题写的“玄奘取经东归古道”，虽然明铁盖山口并不属于喀什市，而是属于喀什地区。

1999年，冯其庸在其《玄奘取经东归入境古道考实——帕米尔高原明铁盖山口考察记》一文中说，“可确证玄奘当年东归故国的路线，确是从达摩悉铁帝国经瓦罕通道，度明铁盖达坂，沿山谷间的河道(应是卡拉其古河的上游，汇入塔什库尔干河)，经公主堡再到朅盘陁的”[1]。他论证道，其一，《大唐西域记》中提到的达摩悉铁帝国，即阿富汗的瓦罕地区。但他随后提到“再联系我进山时在公主堡附近路口看到的‘瓦罕通道’的路标，这就十分确切地证明了这条‘瓦罕通道’就是当年玄奘回国的古道，而明铁盖是其必经的山口”。

此前我已解释得非常清楚，中国境内的河谷不叫瓦罕走廊，瓦罕与中国没有丝毫关系，向西穿过瓦罕基尔山口后才是阿富汗的瓦罕地区。冯其庸经过的路标所指的所谓“瓦罕通道”属于塔克敦巴什帕米尔的卡拉其古河河谷，它发源于中国、阿富汗的一号界碑分水岭处的瓦罕基尔山口(中国地图标为“瓦罕基尔达坂”)，所以冯的这一点认证显然有问题。

卡拉其古河谷是典型的U型河谷，地形、水草通行条件优越，是葱岭丝路的主干道。

其二，“明铁盖”在柯尔克孜语里意为“一千头公黄羊”，冯其庸在前往明铁盖途中听说了一个波斯商人赶着一千头黄羊和骆驼遇雪灾覆顶的故事，他认为故事与《大唐西域记》中“奔穰舍罗”中的一段记载恰好相合，是一力证。冯可能仔细阅读过《大唐西域记》，但可惜没有把历史上的地名和现在的位置对应起来，事实上玄奘到达“奔穰舍罗”时，已离开石头城东下葱岭，因此更

1 冯其庸：《玄奘取经东归入境古道考实——帕米尔高原明铁盖山口考察记》，《中国文化研究》，1999年，第2期。

中国境内的卡拉其古河谷，“瓦罕走廊”在最西处瓦罕基尔山口以西的境外

与明铁盖山口毫无关系。

可惜，这一观点因2005年中央电视台与喀什市政府在距离明铁盖山口的7公里处联合树立的“玄奘取经东归古道”碑,以及中央电视台纪录片《玄奘之路》的宣扬而产生了一定的影响力。2013年的4月和7月，我两次考察并翻越了明铁盖山口，途中亲眼目睹了这块碑。

明铁盖山口坡度比较陡，布满碎石，因为已经封禁60多年，原来的道路基本毁坏。山口仍然非常明显，旁侧都是锋利尖锐的山峰。山口鲜花遍野，离山口几公里处还有民国时期的哨所遗址与现在的哨所比邻而立。2013年7月我登上了山口，顶部非常开阔，沿途堆满了疑似地震导致的碎石。

2014年6月，我又考察了明铁盖达坂西侧的基里克山口[1]。基里克山口海拔4833米，山口非常平缓宽大，它与海拔4709米的明铁盖山口一样[2]，都位于中国和巴基斯坦的克什米尔边境，卡拉其古河的南侧，位于今巴基斯坦的罕萨(Hunza，又译“洪扎”)，是以前通往塔克敦巴什帕米尔的常用山口。

如果玄奘从明铁盖山口或基里克山口前往朅盘陁国，方向都是北行，而非“东南行”，更不可能先后经过位于今阿富汗、塔吉克斯坦境内的活国、达摩悉铁帝、波谜罗川、大龙池，因此玄奘绝不可能经过这两个山口，而且这是侮辱玄奘连南、北两个方向都分不清。

非常奇妙，斯坦因的观点一直在变化。1901年他曾认为玄奘走的是海拔4853米的瓦罕基尔山口，他引述《1873年叶尔羌探险报告》(*Report of a Mission to Yarkund in 1873*)：“瓦罕基尔山口比纳兹塔什和排依克都高，冬天的

1 基里克山口(Kilik Pass)位于中国、巴基斯坦国界，坐标：北纬37°5'0.49"，东经74°40'40.20"。

2 明铁盖山口(Mintaka Pass)位于中国、巴基斯坦国界，坐标：北纬37°0'13.69"，东经74°51'4.74"。

所谓的“玄奘取经东归古道”碑，距离明铁盖山口还有 7 公里

时候覆盖着厚厚的积雪。但它从东到西都非常好走，多少个世纪以来都是班加里 (Bajaori, 位于克什米尔) 商人往来于萨雷阔勒地区和瓦罕之间常走的一条路，见证了兴都库什山南北频繁的商业交流。”[1]

1907 年，斯坦因也认为与纳兹塔什山口相比，玄奘更有可能经过容易通行的排依克山口（他拼为“Payik”）[2]。但 25 年后，斯坦因又改变了说法，变回到了 1901 年时的观点，但他仍然认为玄奘走的是大帕米尔，如果当真如此，玄奘就得从大帕米尔东南行到达吉什尔腊布特后，再由东向西穿过整个小帕米尔，到达小帕米尔河 (Little Pamir River) 与瓦罕基尔河交汇成瓦罕河的布才拱拜孜 (Bozai Gumbaz)，然后再沿着瓦罕基尔河一路向东才会抵达瓦罕基尔山口，走一个“之”字形，这显然完全不符合玄奘本人的记录，而且路途遥远，几倍于由吉什尔腊布特直接东南行通向排依克山口的道路。玄奘是取经归国，不是地理勘察。

2013 年 4 月，我带考察队去海拔近 5000 米的瓦罕基尔山口考察时，途中经过了克克吐鲁克边防连。连队指战员们非常热情，烧水泡茶，摆上饼干和小吃招待我们。官兵们说前两天上去巡逻过，车可以直接开上山口。于是，我们稍事休息后继续往上开，不久就发现道路已完全被厚厚的冰雪覆盖。后一辆车打滑陷进路边的雪坑，驾驶员们尝试了很多种办法，都拖不上来。愁眉不展之际，边防连的军车突然出现了。原来他们见我们许久没有返回，担心车辆出了故障，

1 瓦罕基尔山口位于中国、阿富汗国界，又称南瓦根基达坂，坐标：北纬 37° 5'53.59"，东经 74°29'5.41"。参见斯坦因《穿过帕米尔高原的古道》(*On Ancient Tracks Past the Pamirs*)，引自《喜马拉雅期刊》(*The Himalayan Journal*)，第 4 卷，1932 年，第 1—24 页，和斯坦因的《古代和田：去中国新疆从事考古和地形考察的初步报告》，第 11 页，伦敦 1901 年，艾与斯波迪斯伍德（Eyre & Spottiswoode）印刷。

2 参见 [英] 斯坦因《古代和田：去中国新疆从事考古和地形考察的详细报告》(*Ancient Khotan*)，第 31—32 页。斯坦因没有考察过这两个山口，他根据的是其他的考察报告。

基里克山口，清晰可见的边界栅栏

特地赶来相救。可惜当天天色已晚，无法再前往山口。军车把我们接回边防连后，炊事员又煮了一大锅方便面，真让人感激不尽。临走时，这群可爱的小伙子欣然接受邀请，与我们合影留念。

类似的事情在考察纳兹塔什山口时也曾发生过。当晚九点左右，天色渐黑，我们还没从山口返回，边防连连长和战士们非常担心，驾车来到车辆不能再前进的雪坡前等候。由于路面状况太差，到处是碎石、洼坑，前夜刚下过一场雪，地面也湿滑泥泞，越野车不敢开得很深，只好停在几公里之外。连长命令一名战士开着军车将队员们送到越野车处，我们也乘机体验了一把军车的野战能力。别看军车长相普通，可是底盘高、皮实，经得起折腾，压着路上的石头和大坑勇往直前。

和部队官兵分手时，山里已是漆黑一片。半路上，对讲机里突然传来战士们的呼喊，原来他们发现考察队的一只对讲机遗落在军车上，便一路猛追上来。考察队的两名女队员下车去取的时候，感动得流下了眼泪。

2014 年 7 月，路上积雪消融，考察队抵达了瓦罕基尔山口的顶部的阿富汗边境的一号界碑，此处即是瓦罕走廊的最东端。山口顶部依然覆盖着积雪，但已经在融化，能清楚地听到雪壳下的流水声——这里的水一面向东流，即为卡拉其古河，在公主堡下与红其拉甫河汇合成塔什库尔干河，并一路北流，经过石头城后折向东，将汇入叶尔羌河，东下帕米尔，从西南向东北流，将与喀什噶尔河、阿克苏河交汇形成新疆最大的塔里木河，继续东流，在古代，最终汇入烟波浩淼的号称“盐泽”的罗布泊；一面向西流，即为瓦罕基尔河、瓦罕河，并与帕米尔河汇合成喷赤河，继续西流，折向北后继续向西，与瓦赫什河汇合成了中亚最大的河流——阿姆河，西行流入咸海。这里就是这两条伟大河流的发源地，帕米尔就是新疆的西域文明和中亚河中文明交汇处，是两大水系的分水岭。

侯杨方在中阿边境一号界碑，脚下正在融化的冰水一面西流，一面东流

从中阿边境一号界碑处向西眺望，这里才是真正的“瓦罕走廊”，属于阿富汗

第二节
纳兹塔什山口历险

《大唐西域记》现存版本众多,国内以季羡林主持校订的《大唐西域记校注》最为权威，它的底本是目前最完整且时代较早的“京大本”，并另外参照了多达 24 种版本。现存诸版本对“自此川中东南，登山履险”这段路线的记录有所不同，有三种无“东南”，一种没有“南”，这很有可能是传抄过程中出现了漏抄，因为比这四种版本早的“宋本”中有“东南”二字，被用作底本的“京大本”中也有“东南”二字[1],因此有的学者据此否定“东南行”实属强词夺理。

从吉什尔腊布特前往朅盘陁国即现中国塔什库尔干县城有两条道路较为便利:一条沿着阿克苏河谷向北到达阿克塔什（Aktash），再向东翻越萨雷阔勒岭，上海拔 4522 米的纳兹塔什山口[2];一条东南行翻越海拔 4703 米的排依克山口[3]。

从大帕米尔经雅尔特拱拜孜，顺着伊斯提克河谷东北行，或东南行至吉什尔腊布特再折向北，翻越纳兹塔什山口前往朅盘陁国都城石头城的距离较近，纳兹塔什也是石头城北边的一个出入境山口，当年英国叶尔羌探险队由此经过。这条路也是从喀什经其里拱拜孜（Chihil Gumbaz）[4]和齐奇克里克前往塔吉克斯坦一条便捷的道路。

但它的方向并不符合玄奘的“东南”行。

我于2013年4月和7月春夏两季分别考察纳兹塔什山口。纳兹塔什，“纳兹”意为“矛头”，“塔什”即“石头”。这个名字缘于山谷的空地中凭空而立的一块外形如矛头的巨大尖石。

春季，纳兹塔什从山谷到山口积雪没膝，通行困难；夏季雪化，山口下方的宽谷汪洋一片，我第二次考察时，从山口下来，水已经漫到越野车的窗口，其中一辆车深陷其中，所幸被前车拖出。不仅如此，从山口东向通往石头城的下游河谷（当地称为“辛滚沟”）十分狭窄，有十数公里长的地段仅宽十余米，无论春夏，都是急流汹涌，冲击着南侧的山体和北侧的国防公路的路基。在古代，这样的路况并不适合传统商队通行。

2013年4月21日，考察队从塔什库尔干县城出发一路北行，经过石头城遗址后继续向北行进，在辛滚沟左转向西，前往纳兹塔什山口。

行驶十余公里，河谷逐渐变得宽阔。前一天夜里山中下了大雪，山谷中一片晶莹世界，奇峻的山体银装素裹，映衬着蓝天白云，风景瑰丽。

下午3点50分，考察队抵达阿然保泰边防哨所。塔县宣传部长、文管所所长地力萨地克事先通过县政府宣传部与驻军联系过，哨所的指导员不仅立刻放行，还派出一名军官作向导。和一身户外装备的我不同，排长只穿了一件春秋季的军装夹克，一双解放鞋。

雪地上有车辙，昨天曾有军车进山巡逻。雪下有水声，但地面不见河流，

1（唐）玄奘等著、季羡林等校注：《大唐西域记校注》校勘例言，第143—147页；卷12，第983页。

2 纳兹塔什山口位于中国、塔吉克斯坦国界，坐标：北纬37°35'40.69"，东经74°56'7.16"。

3 排依克山口位于中国、塔吉克斯坦国界，坐标：北纬37°18'15.74"，东经75°3'21.05"。

4 其里拱拜孜（Chihil Gumbaz），坐标：北纬38°7'52.17"，东经75°46'52.99"。两条道路交会，参见《丝绸之路地理信息系统》。参见（唐）玄奘等著、季羡林等校注：《大唐西域记校注》卷12，第989页。

纳兹塔什，矛头石

司机小心地循着若隐若现的车辙前行，以免落入被雪覆盖的河道。一些地面变得特别湿滑，一个半米高的小坡竟让车子连续打滑，马达吃力地轰鸣着，扭动的轮胎发出尖利刺耳的声响，好不容易才冲上坡去。

在无法继续行车的地方，我们开始下车徒步。走了一段路，便看见了山谷中的“纳兹塔什”，它孤傲地矗立在一片宽阔的空地上，距离周围的山体有数十米远，如同天外来客一般。它可能是山体崩塌留下的遗迹，否则很难解释它的来历。它显然会给人留下极为深刻的印象，成为这条山谷乃至山口无可替代的地标。

傍晚 5 点 40 分左右，一个陡峭的雪坡出现了，它倾角约 70 度，长约 50 米。排长身手矫健，迅速爬了上去，但这对没有过登山训练的我来说是个不小的挑战。雪坡陡滑，手脚并用也还是很勉强。

没想到，这段雪坡的难度系数只是整条路段的最低级别。紧接着就出现一段更为陡峭的雪坡，必须从铺满雪的坡面上横向走过。又是勇敢的排长在前方踏出一条路，我们才可以踩着他的脚印通过，但即便如此，仍需非常小心，否则一旦打滑，就会摔下几十米高的山坡。

走完雪坡，迎面而来的便是冰河。一段陡峭的山坡下方，水声潺潺，河水隐藏在冰面之下，踹开覆盖的雪层，冰面发出幽蓝的冷光，但依然看不到水流。我最初有些迟疑，是否还要继续，毕竟冰河非常危险，即使现在顺利通过，万一回程时冰面融化，后果很难预料。但禁不住纳兹塔什山口的诱惑，在用硬邦邦的登山鞋在冰面上踹了几脚，又用登山杖试了试之后，发现冰面似乎还够坚硬，一行人就这么小心翼翼地过去了。

海拔在逐渐升高，徒步变得越来越吃力。

一段缓坡之后，眼前骤然出现一片广袤无际的雪原，无法目测距离，只能埋头跟着排长踩出的脚印往前走，一脚深，一脚浅，有时一脚踏进及膝深的雪里，

67

冰河、雪坡，2013 年 4 月 21 日

68

纳兹塔什山口顶部的中国、塔吉克斯坦国界标志，拍于 2014 年 7 月 20 日第二次考察

再艰难地拔出来，耗费大量体力。

也不知道怎样走到了雪原的尽头。山边立着一块蓝色的警示牌，告知牧民此处距离边境 2 公里，不得放牧。向前方眺望，排长说不远处一个缓缓的山坡就是纳兹塔什山口。这时的海拔是 4400 米，缺氧是个很大的挑战。从 7 点 25 分离开警示牌到 8 点 09 分攀登到海拔 4522 米的山口，足足花了 45 分钟。

山口呈 V 字型，非常不宽阔，山口顶部有一块三角锥型的中塔边境界碑，伸向塔吉克斯坦方向的山坡相对较陡，走下去便是阿克苏河谷和小帕米尔。

出乎意料的是，跨越山口的雪地上有一串脚印，从境外延伸至境内。排长很在意，拍了几张照片，又踏进印坑试了试，试图判断是动物还是人的脚印。

回程中，一路上冰雪融水已经越来越多，雪原多处已泥泞一片，难以行走。靠近北侧山体的冰河边缘也已经化开了一道30厘米左右的缝隙，河水汩汩流淌。

但玄奘并不是从这里经过。同年 7 月，我曾沿塔吉克斯坦的伊斯提克河考察。当时仍未能排除玄奘走纳兹塔什的可能性。面对伊斯提克河，实地对照地图，一个有力的证据又出现在眼前。我突然想到，玄奘在《大唐西域记》里始终认为“池东派一大流”的伊斯提克河汇入的是中国境内的塔什库尔干河（玄奘称为“徙多河”），但实际上伊斯提克河向东流后汇入阿克苏河，后转向北流，途经纳兹塔什山口的西侧山脚下，因此它绝不可能翻越萨雷阔勒岭这座分水岭后，然后汇入现代中国境内。如果玄奘走的是纳兹塔什山口，他一定不可能错过这条河，因此就能发现池东发源的这一大流的正确走向，也就不会在书中犯这样的低级错误。

成书比《大唐西域记》稍晚，并深受其影响的《释迦方志》记载了一条线路：从朅盘陁国都城“又西少南，登山冰雪，五百余里至波谜罗川”[1]。由于朅盘陁

1（唐）道宣著、范祥雍点校：《释迦方志》卷 4，北京：中华书局，1983 年，第 17 页。

国方圆二千余里，且处于帕米尔的狭长河谷地带，南北直线长达 200 公里左右，而从北到南至波谜罗川（大帕米尔）的传统路线有多条，这一条记录并不能否定玄奘选择了其中偏南（相对于都城石头城）的一条，而通往纳兹塔什山口的道路在石头城北，因此这条路显然不可能经过此山口。

此外，如果玄奘走纳兹塔什山口，他就不可能亲眼目睹给他留下了深刻印象的“公主堡”，而经过排依克山口前往石头城，公主堡则是必经之地[1]。

1 公主堡，坐标：北纬 37° 14'21.57"，东经 75° 22'5.61"。

第三节
玄奘津津乐道的“公主堡”八卦

玄奘翻越排依克山口，顺着排依克河东南行到达卡拉其古河，然后沿着后者一路东行约 20 公里，到达卡拉其古河与红其拉甫河 (Khunjerab River) 交汇成塔什库尔干河之地。这时他一定会看到，北方西侧高出河面约 200 多米的悬崖顶上，有一处明显的夯土城墙遗迹，这就是公主堡遗址。它在石头城以南大约 70 公里处，卡拉其古河谷的东端入口。

站在公主堡上向南方眺望，就会发现当初建堡者为它挑选了一个非常重要的地理位置。它扼卡拉其古河谷出口的咽喉所在，而在河谷的南、北、西三面，分布着十余座位于现国境线上的重要山口，分别通往巴基斯坦、塔吉克斯坦、阿富汗。在古代，这些山口是塔克敦巴什帕米尔（也就是萨雷阔勒地区，玄奘所说的朅盘陁国）与兴都库什山以南地区和瓦罕等地的交通要道。葱岭是古代丝绸之路的重要交通枢纽，卡拉其古河谷则是葱岭的重要交通枢纽，因此公主堡的重要性不言而喻。

在城堡上远望，平坦的河谷一览无遗，谷中动静尽收眼底。向南方眺望，交汇的两条河流形成一个巨大的 Y 型，左边是发源于中巴边境红其拉甫山口的

公主堡上向南远眺，2013 年 4 月 20 日

红其拉甫河，右边是发源于中阿边境瓦罕基尔山口的卡拉其古河，两河在公主堡正南方交汇成塔什库尔干河。塔河一路向北然后折向东，汇入叶尔羌河。公主堡在河口附近，即可监控下方两条商贸路线。

当年玄奘从卡拉其古河谷出来，一眼望见高踞悬崖之上的公主堡，留下了深刻的印象。他还听说了一个关于朅盘陁国建国“汉日天种”的传说，更加深了他的认识，于是竟然在行文简洁的《大唐西域记》中留下了一篇长达400多字的八卦。

在朅盘陁国建国前，葱岭上的这片土地还是一片荒川。古代波斯帝国迎娶一位中国公主，走到这里时不巧遇到了兵乱，使臣只好将公主“置于孤峰，极危峻，梯崖而上”，日夜派兵把守。等兵乱过后，使臣要送公主继续前行，却发现“女已有娠”。使臣害怕，众人也都很恐慌。公主侍女就站出来对他说，别担心，这是神的孩子。每天正午时分，都会有一个男神从太阳当中骑着马下来，与公主相会，这才让公主受孕。但这个神话只能忽悠自己，无法忽悠国王。使臣想，回去肯定会被诛杀，往前走也不是办法，索性留下来，“于是即石峰上筑宫起馆，周三百余步”，并奉公主为主。后来公主产下一个男孩，容颜清秀，承继了国王的尊号，公主继续摄政，由于治理有方，周边国家都来臣服[1]。这就是朅盘陁国的由来。后国王去世，就葬在城东南百余里的大山岩石室中，尸身干蜡，状如酣睡。因为开国国王的母亲是汉人，父亲是日天神，所以后来的王族自称为“汉日天种”，长相是中国人面孔，穿的却是胡服。

1（唐）玄奘等著、季羡林等校注：《大唐西域记校注》卷12，第985页。参见[英]斯坦因《西域考古记：中亚与中国西部探险的详细考察报告》（*Serindia: detailed report of explorations in Central Asia and Westernmost China: carried out and described under the orders of H.M. Indian Government*），第1卷，牛津1921年，克拉伦登出版社，第73—75页。

公主堡南侧远眺喀喇昆仑山

斯坦因曾经找到过这个古堡。他在《沿着古代中亚的道路》一书中记述了这一经过。他从小帕米尔和瓦罕基尔山口走到这里，听山谷中游牧的色勒库尔人（即塔县的塔吉克人）说，当地的冬季长达十个月，夏季仅有两个月。在下山途中，他从当地人口中也听到了“汉日天种”的传说，并根据介绍的线索找到了这个废弃已久的石堡，欣喜不已。由此也可见，一个地区的传说故事会在千百年里代代相传，且没有太大改变。

斯坦因爬上了公主堡，留下了珍贵的照片。公主堡在玄奘时代就已废弃很长时间，但由于当地气候干燥，城墙仍然清晰可辨。他发现城墙是“用土坯和松树枝条相间垒砌而成。这种建筑方法，与由此往东所有公元前二世纪前后的汉代长城及其边防军事建筑完全一致”。

城堡基址三面为直立的悬崖，只有一面是约六十度的碎石陡坡。2013 年 4 月，我由此登上崖顶，看到夯土城墙遗迹犹存，与 1906 年 5 月 30 日斯坦因拍摄的照片对比，几无变化。

此处要记一笔，中国地图出版社与星球出版社的塔县地图将公主堡标在了西边的排依克河谷，直线距离相差了 20 公里。

在帕米尔高原上，由于地域过于广袤，景象变化微小，对距离和高度很难做出准确的判断。公主堡的这面陡坡，看似不高，可是地力所长说，上下一次需要四个小时，我无论如何难以相信，但结果确实花了三个半小时。它的表面是一段山体滑坡，遍布碎石，起初的一段还有大石可供攀爬，到半山腰之后则全是碎石，一脚踩下去，身体会随之下滑、下陷。有些地方生有一簇簇的野草，扎根紧，可供抓手或踏脚，但有的草株上生满硬刺，戴着普通的手套也无济于事。越向上走，山风越是冰冷，头被吹得发痛，只能躲在石堆后稍避。

最后一段土墙是公主堡的夯土层，高约 50 米，极为陡峭，最陡处可能至少有 75 度。人工的土层不像天然山体，没有石块落脚，也没有植物生长，只

71

俯瞰公主堡，悬崖顶上有较大的平台，城墙清晰可见　2020 年 7 月 11 日考察杨林航拍

72

行走条件优越的排依克山口

有当年夯土时夹进墙体用来加固的干树枝。我只能小心翼翼地借助登山杖登上最顶端的单边墙。单边墙宽仅容一人站立，长约 5 米，从这里向北看去，可见三垛保存相对完好的城墙遗迹。

斯坦因认定这座城堡即是玄奘记录的“汉日天种”传说中朅盘陀国的最早都城，当玄奘经过此地时，朅盘陀国都城已经北移至“基大石岭，背徙多河”的石头城。玄奘继续前往石头城，在朅盘陀国停留了二十余日。

斯坦因曾在《古代和田》一书中说，《大唐西域记》里记载的从帕米尔谷地到朅盘陀国有五百里，这和实际里程很一致。根据当时英印绘制的最新帕米尔地区的地图，从大帕米尔东端经过吉什尔腊布特和排依克山口，到达深入塔克敦巴什帕米尔的排依克河谷，有 84 英里，再走 16 英里，旅行者就能到一个叫达布达尔（Dafdar）的村庄和萨雷阔勒谷地的农业区。虽然他后来又转而认为玄奘走的是瓦罕基尔山口，但这个记录却已不可抹去。

我两次考察了排依克山口，通往山口的排依克河谷地开阔，水草丰美，坡度较缓，适宜商队行走。河谷出口正对着南面的清代排依克卡伦遗址，它位于排依克河与卡拉其古河的交汇处，此地即位于塔克敦巴什帕米尔，即清代的色勒库尔，扼守通往瓦罕基尔、基里克、明铁盖等著名山口的路线，地理位置非常重要。

考虑到以上这些情况，玄奘“东南行”，只有可能选择翻越了排依克山口，此山口从古至今一直是卡拉其古河谷众多山口中最好走的通道。

第四节
葱岭中的朅盘陁国

“朅盘陁国周二千余里，国大都城基大石岭，背徙多河，周二十余里……容貌丑弊，衣服毡褐。文字语言，大同佉沙国。”

从富饶的瓦罕穿越荒凉的大帕米尔，玄奘终于又来到了一个富庶的农业区，可以稍事休息了。朅盘陁国所在的塔克敦巴什帕米尔，清代称色勒库尔，是帕米尔高原上海拔最低、生存环境最好的开阔谷地，也是帕米尔唯一农业与牧业兼有的地区。它是东西方陆路丝绸之路翻越葱岭的最佳休憩地，也是喀什—莎车—色勒库尔—瓦罕这条常规商业路线上的交通要塞。

塔什库尔干（Tashkurgan，塔吉克语，意思为石头城）位于塔克敦巴什帕米尔的河谷中央的一座大石岭之上，东侧是塔什库尔干河漫流的湿地草原，牧民白色的帐篷就安扎在河水边；西侧是高耸入云的萨雷阔勒岭，中塔国界线就在岭上划过；大石岭上耸立着历尽沧桑的石头城，俯视着它曾经主宰过的这片土地。

塔什库尔干县城一片静谧，明媚的阳光照耀着街道、房屋、绿树和街上三三两两的行人，不闻汽车马达的喧闹。广场上的大屏幕前，偶尔会有几个人驻足观看。城中心最早只有县政府宾馆、一两家酒店和一家青年旅馆，电力很不稳定。这两年旅馆渐渐多了起来，条件也越来越好。县政府宾馆的饭菜非常可口，价格也相当便宜。还有一条美食街，街上有不少川菜馆，考察的最后两天我们常去光顾。小城里开着一家卖各种矿石的小店铺,阿富汗的青金石很漂亮。

到了傍晚，石头城下的玄奘所称的徙多河漫流而过，河谷草原洒满金色的阳光，我在草滩上散步，牧民热情地打招呼，邀我到帐篷里做客。塔河漫流的河汊在帐篷间奔来跳去，水流湍急，我要不时踩着摇摇晃晃的木头小桥穿过，像是在走迷宫。

美丽的小城似乎始终飘扬着婉转的乐声，作曲家陈钢曾为这里写过一首优美的小提琴曲《阳光照耀着塔什库尔干》，十分契合这座高原小城的气质。

优越的地理条件决定了这里一直是人类活动频繁的地带，有多支不同的族群先后迁徙至此，曾经兴起，后又离开，留下了丰富的文化遗产。

玄奘来到石头城时，这里“然知淳信，敬崇佛法。伽蓝（即佛寺）十余所，僧徒五百余人，习学小乘教说一切有部”。在信仰佛教之前，生活在塔克敦巴什帕米尔的人曾信仰拜火教，可以追溯到2500年前。

石头城北约10公里处的曲曼村（又称“曲什曼”,塔吉克语意为“酸苹果”），近几年因考古发掘了2500年前的曲曼墓地（又称“吉尔赞喀勒墓地”）而出名。墓地位于塔什库尔干河西岸吉尔赞喀勒台地上。爬上十米多的高坡，一块平坦的台地临悬崖展开，黑白两色的卵石在地面上摆出数十条呈太阳光状放射的线条。墓葬共有41座，在2013年发掘的10座墓中，有3座出土了木制火坛，共11个。这是欧亚大陆迄今为止出土最早、最原始的明火入葬火坛。火坛里还发现有15枚石子，15为半月之数，也为一个明暗周期，这与拜火教圣典《阿

73

位于塔什库尔干河畔的一座驿站遗址 2020 年 7 月考察杨林航拍

74

玄奘所称的徙多河即塔什库尔干河与石头城

维斯陀》记载的习俗相吻合。

墓地中还出土了青铜器、竹梳子、木制弦乐器和玻璃料珠等文物，这明显是东西方文化交融的产物。很可能在张骞“凿空”西域前，塔什库尔干已经成为东西方交流大通道上的重要一环。

朅盘陁国建立以前，塔什库尔干地区还有塞种人游牧。石头城以北两公里处的香宝宝古墓群，经考证为公元前五至前四世纪羌人和塞种人的墓葬。从出土的一具头骨面部特点看，它更像高狭面、高眶形、鼻突度和面部水平突度更大的东地中海人种，与东南帕米尔古代塞人属于同一人类学类型，这一结果似乎有利于从种族上将香宝宝墓地的遗存与塞人文化联系起来。

在帕米尔高原的塔吉克人称为“高原塔吉克”，与“平原塔吉克”语言差异较大。在我国帕米尔高原的塔吉克人是唯一原生的印欧人（俗称的白种人），属于东伊朗语族，他们又分为色勒库尔人和近代由境外迁入的少数瓦罕人。

塔吉克人聚居区的最东端就是色勒库尔，现在这里的行政区划是塔什库尔干塔吉克自治县，生活着中国 60% 的塔吉克人（据 2010 年人口统计，中国的塔吉克族人口为 51069 人）。二十世纪初的旅行者把他们称作“色勒库尔人”或“高原塔吉克”。中国的塔吉克族没有官方文字，主要说色勒库尔语，它和瓦罕语同属东伊朗次语支帕米尔诸语言，但两者之间几乎无法通话。

有关塔吉克族历史的著作中，都会提到千年前的朅盘陁国，但只有《宋云行纪》和《大唐西域记》等书中有相对详细的记载，在塔吉克人口口相传的传说中，除了“汉日天种”外，与朅盘陁有关的故事也非常有限。

据本地学者、被称为塔什库尔干一带“资料库”和“活地图”的马达尔汉介绍，“朅盘陁”又译作“渴盘陁”，塔吉克语意为“山上的道路”，塞种语很可能也是相同的意思。汉语“盘陁”有两个意思，一为石头不平，二为曲折回旋。

75

塔克敦巴什帕米尔中漫流的“徙多河”，是自然条件最优越的“帕米尔”

76

曲曼墓地与徙多河谷 2020 年 7 月考察杨林航拍

朅盘陀国的建国时间没有记载，目前可以肯定的是，在一世纪左右，石头城已经存在。六世纪初，北魏的宋云途经朅盘陀国，当时的国王说自己是第十三代国王。假设平均一代按三十年计算，则在三四百年之前朅盘陀国便已经存在。

朅盘陀国何时灭亡以及灭亡的原因，史书上没有具体的记载。很可能是在玄奘离开以后，由于西突厥被唐朝攻灭，西域格局发生了变化，吐蕃与唐朝在葱岭的争斗逐渐升级造成的。唐朝于开元(713—741 年) 年间在此设置了葱岭守捉。吐蕃由葱岭从东和北两个方向，向唐朝实际控制的西域展开迂回进攻，东进即通过大勃律（今巴基斯坦的巴尔蒂斯坦）和小勃律（今巴基斯坦的吉尔吉特)，翻越帕米尔，经过朅盘陀国，进攻安西四镇之一的疏勒。

作为丝绸之路的重地，朅盘陀国从往来商贸中获取了不少利益，比如向商旅提供住宿、收取税费等。

朅盘陀国继承并发展了汉代葱岭各部与中原地区的密切关系，在南北朝期间，屡次派使者远行万里，同北魏和梁朝保持联系并贡献土产。与唐朝的关系则更为密切，唐初安西都护府建立之后，朅盘陀国一带归安西都护府管辖。

朅盘陀国存续期间还开凿了水渠，发展灌溉农业以提升国力。被称为“帕尔哈德 - 西琳渠”的古代大渠遗迹，很可能就是朅盘陀国的杰作。朅盘陀国人信仰佛教，修建了许多寺庙。尤其值得一提的是，在国力强盛时期，国王曾依恃武力，从邻邦“请”来当时号称“四日照世”之一的名僧童受，并为他修建了“台阁高广，佛像威严”的寺院。“汉日天种”和“勇敢的秦公主”等传说以及叙事诗，至今仍在塔吉克人中代代相传。

乾隆二十四年（1759 年)，清朝平定了大小和卓叛乱，在新疆设置伊犁将军府，塔什库尔干的穆拉特伯克归顺了清朝，清政府正式将塔什库尔干的塔吉克族聚居区划为叶尔羌的一个庄——色勒库尔回庄。由此，清朝的军事、行政

77

78

“高原塔吉克”——色勒库尔人

建制正式在此建立起来。

清光绪二十八年（1902年），由莎车府分设“蒲犁分防通判厅”。现存塔什库尔干县城北部的石头城遗址是朅盘陁国都城、葱岭守捉治所和蒲犁厅治所的所在地。斯坦因来到这里时，古城已经倒塌废弃。现在的塔什库尔干县城的重心已略向西南移，石头城遗址位于塔县县城东北方。

我的好友地力萨地克是塔县文管所所长，2013年我第一次带领考察队去帕米尔高原时与他结识。初次见面他身着一件干练的深棕色皮夹克，戴一顶优雅的鸭舌帽，身材挺拔，眼窝深邃，鹰钩鼻梁挺直，容貌俊朗，非常富有文艺气息。他一边陪着晚到的我吃晚饭，一边非常认真地聆听我的考察计划，确定接下来几天的安排。他对我的考察非常感兴趣，基本上每天都与我一同前往考察地点。这也是因为他和当地乡、村的政府、派出所都比较熟悉，与部队事先就有联络，在考察途中能够通畅地沟通，解决问题，如果让我自己去沟通，可能需要花费大量时间和精力。地力是个标准的文艺青年，在排依克山口一户牧民家休息时，他坐在炕上，顺手拿起一只塔吉克民族乐器热瓦甫，叮叮咚咚地弹奏起来，充满了浓郁的塔吉克族风情，我称赞他酷似法国哲学家萨特。

我们考察队去红其拉甫山口的那天晚上，地力盛情邀请到他家中做客，他称我们是“尊贵的客人”，让队员们都非常感动。在地力家，我们体验了地道的塔吉克民族生活方式。考察队从山口风尘仆仆地赶到地力家，他的妻子拿着一只壶嘴长长的水壶，为每个人倒水、洗手，请我们进屋上炕。宽大的炕靠墙而设，铺着色彩缤纷的地毯，中间铺着一张餐布，我们围着餐布盘腿坐下。不一会儿，各种馕饼、炒菜流水似的端了上来，非常美味。地力还破例拿来了几瓶伊犁老窖。这一晚是考察途中大家最开心的一个晚上，每个人都喝了不少，我之前很少喝白酒，那晚居然喝醉了。

彩虹落在塔什库尔干

考察途中，我们还遇到过不少塔吉克族向导，也经常到山口附近的牧民家中喝水、小憩，每一次都深深感受到塔吉克族同胞的淳朴与热情，令人难忘。有一个名叫“尚别”的塔吉克族兄弟，是我们第一次爬坎达尔山口时的向导。他非常憨厚，没什么话，一路帮我背着背包在前面领路，人又高又瘦，像根竹竿一样飞快地往山上“飘”，回头发现将我们落得太远了，就停下来，坐在一块大石头上等。看我们走近了，又转身大步向上爬。远远的还能听到他在唱歌，十分有趣。有时他坐在大石头上看着我们，可能他觉得这些人跑到这里来爬山，还想翻到山对面的大同乡去，挺有意思的。我们想跟他讲话，但语言沟通上实在有困难，我们把普通话讲得怪腔怪调的，希望这样他能听懂，可是他并不懂，黑黝黝的脸上露出一丝憨憨的笑容，看了我们一眼之后，脚下又开始一刻不停。

山上积雪过膝，寒冷异常，我们都穿上了羽绒服，他却只穿了一件外套，里面只有一件衬衫，似乎也并不觉得冷。快到山口的时候，我们停下来歇脚，把食物分给他吃，他也默默地接过去，和我一起吃。下山后，我们付给他向导费，并把车上的水果送给他。就在车子启动准备回程时，他站在车外捧着水果，好像突然想起了什么，疾跑两步，扒住车窗喊了一句：“你们明年还来吗？”脸上露出难得的激动。尚别的这个举动，给我们留下了深刻的印象，刹那间，我们感受到了他与我们拥有共同的一些东西，这就是每个人心中的浪漫情怀，它可能在某个时间不经意地被触发。第二年，听司机欧阳师傅说，他在大同乡见到了尚别和他的父亲，他还问起我们。

第六章

玄奘的人生巅峰

帕米尔是丝绸之路最壮丽、海拔最高之地，那么最高之最高就是坎达尔山口。

玄奘历经千山万水，在这里，他即将踏上一生中的最高巅峰。离开石头城，他很快就要翻越丝绸之路上海拔最高的一座山口：大石崖。

第一节
“贼娃子路”就是玄奘路

离开了石头城，玄奘“城东南行三百余里，至大石崖”，“大崖东北，逾岭履险，行二百余里，至奔穰舍罗”。根据《大唐西域记》，玄奘的路线是从石头城出发，先东南行，再东北行。这段表达清晰明了，不会造成任何歧义。

那么，玄奘从城东南走了三百余里的路线是哪一条，他经过的大石崖又究竟在何处？大石崖听起来表述确切，且玄奘形象地描述出它的地貌特征：高大、陡峭、遍布巨石。

在2013年第一次前往帕米尔高原实地考察前，我用大半年时间查阅了国内外的大量史料，除玄奘的《大唐西域记》外，还有十九世纪末欧洲探险家们的著作，英、俄考察队的大量考察报告与实测地图等等，国外的考察报告对所经路线做了详细的描述与测量；另有清末的《新疆图志》，其中包含丰富的新疆地方史料及十九世纪末中俄谈判时的大量公文；以及3000多份冷战时期美国、苏联的军用地图、现代地形图与卫星遥感图片等。地图能帮助我们对路线上的地标做出初步的经纬度判断，这当中以军用地图的准确度和实用性最强，上面不仅会标明所有可通行的道路，也会明确标示出哪条路线在什么季节可以行走什么样的车辆，或是只能通过驴、马、行人等。因为军事地图涉及行军作战，一旦信息提供不足就会贻误战机，造成严重的损失。

利用这些资料，我基本还原了玄奘的东归路线，并在实地考证中逐一加以验证，但唯有玄奘从石头城东南行三百余里这一段路线，我始终百思不得其解。欧洲探险家们对这段路线的判断分歧也非常大，主要是因为对玄奘提到的“奔穰舍罗”与“乌铩国”两个地点的判断无法统一。

根据《新疆图志》中对清代驿道的描述，结合卫星图片，我初步判断，玄奘从塔什库尔干县城出发以后，先北再东行至新迭，再折向东南行。新迭的位置在石头城的东北方向，与《大唐西域记》中所说“城东南行三百余里，至大石崖”的方向相背离。然而从美国军事地图与谷歌地球上看，没有别的路可走，只好先确定这条线路。

这个疑问，在我抵达塔什库尔干县的大同乡时终于有了突破。大同乡是玄奘从石头城至乌铩国途中一定会经过的一个地点。它在唐代还有一个名字，稍后便会揭晓。

我到大同乡时，天色已晚，乡政府的宣传委员马依力等候多时，心情迫切，我们站在乡政府门口就聊起来。我问马依力，当年公路还没有修好时，乡政府工作人员去塔什库尔干县城开会怎么走。马依力提供了一条非常有价值的信息，他说，1994 年大同乡到县城的公路才通车，之前都是靠步行，而路只有一条，就是先从大同乡西行走到瓦恰乡，要走三天，途中翻越海拔近 5000 米的坎达尔山口，这个山口冬天也可以行走，但是雪深及腰，需要拖着马尾巴行走。翻过山口后再向北到达瓦恰乡，从那里再继续向西走，途中翻越海拔 4200 米左右的乌古里亚特山口,两天时间能到石头城。即使现在,每当公路被洪水冲断时,他们还是会走这条传统道路去石头城。

听到“乌古里亚特山口”时，我非常意外，也很惊喜，这是我第一次听说还有这样一个山口和这样一条道路，直觉它正是解开疑惑的关键。

由于大同乡无法上网，我不能立刻确认。4 月 18 日，抵达石头城后，我做的第一件事就是打开电脑，上网查找乌古里亚特山口的位置。当屏幕上的“谷歌地球”迅速旋转并定位到这里时，一个平缓的山口出现了，在它的西边有一条明显的小路。这时，我心中一阵狂喜。

次日，塔县帮我安排了一次专家座谈会，当地学者马达尔汉对塔县的历史、人文、道路了如指掌，他不仅再度帮我确认了这条路的存在，还透露了一个更有趣的信息,原来“乌古里亚特”在塔吉克语里的意思竟然是“贼娃子路”,当年有人从阿富汗巴达克山偷运鸦片入境，走的就是这里。

感谢塔县各部门对考察给予的大力支持，县民政局还特批提供了几份军事地图。这几份军事地图上均显示，乌古里亚特和坎达尔山口是塔县东南行前往瓦恰、大同乃至莎车的有且只有的唯一道路，这也完全符合玄奘的记载。这个山口的发现与确认，可以说是第一次帕米尔玄奘东归路线考察最大的收获。

后来我查证过，在斯坦因《新疆与甘肃回忆录》一书的地图上标有乌古里亚特达坂,写作“Ugriat-dawan”,斯坦因在《亚洲腹地》一书中采用了同样的地图。但地图上除标注了山口外，没有标识可通行的路径，山口东边只有一片空白。

路线确认后，我做了一次实地考察。从石头城“东南行”至乌古里亚特山口，徒步穿越抵达瓦恰乡。当地人提供的信息是穿越山口需要七到八个小时，我特地在出发前吃了顿干粮，还喝了点红牛。但实际上我只用了三个小时就走完了全程。这条山间通道基本上在山顶附近,两侧山坡高出路面不多,时见积雪。

全程都有行人常年行走踩出的一条小路，大多数时候道路十分平坦，起伏很小，只有一小段狭窄的下行谷地碎石稍多，但并不难走。行走过程中可以看见远方高耸着一排巨大的连绵不绝的雪山，非常壮观。山口海拔 4170 米，地面有残雪，最高处的地面极其开阔，足有好几个足球场大，此地是我考察经历的最好走的山口，没有之一。

当走出山口，进入瓦恰谷地时，眼前豁然开朗。垂直方向的地貌分为三层，最下层的谷地极为宽阔，一望无垠，崖脚民居、农田星罗棋布，海拔 3200 米，是富饶的农牧业混合区；中层景观最为奇特，远处的平缓下倾的山坡像是陡然垮塌，切出一排从北向南绵延数十公里的土崖，极为炫目；上层便是一路所见的连绵雪峰，峰顶基本在同一海拔，起伏不大，如一道巨型屏障挡住向东所有的视线。

同行的地力所长说，当地人将中层这样的巨崖叫做“优尔”，意为“土崖”。典型的帕米尔地形坡度缓和，很少有这样陡峭下沉的地貌，这也是他见过的唯一一处。

它是玄奘所说的“大石崖”吗？它给人留下的深刻印象确实很容易让人联想到“这就是大石崖”，但只要仔细一想就不会误会，玄奘不会将肉眼也能辨识的土崖称为“石崖”，而且他喜欢和当地人聊天，了解风土人情，一定也询问过土崖的本地叫法。

那么，大石崖又在哪里？玄奘翻越后向东北行走了 200 里到达的“奔穰舍罗”又是现在的什么地方？玄奘在下文描写了“奔穰舍罗”的样貌：“葱岭东冈，四山之中，地方百余顷，正中垫下。”在崇山峻岭之中，“地方百余顷”的平地非常罕见。在喀什与当地干部座谈，我提到这一特征时，喀什地委宣传部副部长陈丽与我不约而同地道出了一个地名。

乌古里亚特山口顶部

翻过乌古里亚特山口

第二节
丝绸之路的最高点——“大石崖”

葱岭－帕米尔高原是丝绸之路的至高点，那么帕米尔高原上丝路经过的最高山口在哪？那就是玄奘所说的“大石崖”——坎达尔山口。“大石崖”不仅是葱岭的至高点，也是丝绸之路的至高点，是玄奘一生中到达的海拔最高处，是他的人生巅峰。

瓦恰宽阔平坦，是和八个帕米尔一样的“U”形谷地，所以帕米尔高原上除了八个巨大的“帕米尔”之外，应该还有许多像瓦恰一样的小“帕米尔”。谷地两侧的山多土少石，多处山体上有风蚀或水蚀形成的柱状崖壁，两山之间也有和瓦罕谷地一样的冲积扇，只是坡度较之更陡。谷地中罕见树木，只有山脚下有稀疏的绿色。瓦恰既有牧区，也有耕地。2013 年春，农牧民居住在低矮的土坯房中，还在靠耕牛种地，而这几年已经普遍住进了制式的黄墙红顶的砖瓦房。

玄奘从石头城出发走了 300 里，抵达瓦恰，这里又是一个较好的休息调整区。而接下来，他就要翻越西行和东归路途中最高的山口——海拔 4939 米的坎达尔山口[1]，也就是他所说的“大石崖”。

车开到了能远眺坎达尔山口的最佳地点，公路旁的高山草甸上还有小片未融化的积雪。远处连绵起伏的雪山，便是穿越乌古里亚特山口时始终能够望见的“雪墙”，两山之间有坳口，但多数目视海拔较高，我视野正对的一处有长长斜坡的最低山口，领路的瓦恰乡政府工作人员说，那就是坎达尔山口。

当地雪山海拔最高的有 6000 多米，要通过这些天然屏障就必须走山口，但可供通行的山口非常有限。军事地图显示，只有这条通过乌古里亚特山口和坎达尔山口的路可供通行，而且，从石头城东南行到坎达尔山口，开车约有 130 公里，与“城东南行三百余里”的里程信息完全匹配。方位、里程和地理环境共同证明了这条路线完全符合玄奘所走的路线。

塔什库尔干县城一片静谧，明媚的阳光照耀着街道、房屋、绿树，街上富饶地带生活的居民多，故事自然就多，玄奘在这里又记录了一个有意思的传说。大石崖上有两间石室，各有一个罗汉在内圆寂。他们在此已经 700 余年，却肌肤不腐、骨骸未烂、端然而坐、纹丝不动，看上去栩栩如生。最神奇的是头发、胡须每年还在生长，寺院里的僧人会定期上去为他们剃发更衣。

这两间石室还在吗？当地人茫然不知。但从记载来看，朅盘陁国应该有崖葬的传统，“汉日天种”传说中的第一代国王死后便是葬在石室中，不过当地现已没有崖墓遗迹。

2014 年 8 月下旬，我曾尝试徒步翻越坎达尔山口，体验玄奘在一天之内走过这里的感受。夏季的瓦恰谷地牧草青青，牛羊成群，景色比春天时更显生机盎然。车开到山口下方海拔约 3300 米的地方，随身带着干粮和御寒的衣服、手套之类，开始徒步行走。起初顺着山上的小道上行，路线迂回，坡度较缓。从

1 坎达尔山口 (Kandear Pass)，坐标：北纬 37°33'57.41"，东经 75°49'14.05"。

2014 年 8 月 31 日，侯杨方攀登坎达尔山口

雪线开始，就没有路了，山上遍地是大大小小的砾石，坡度也陡起来。成群的牦牛在积雪间悠闲地吃草，天空碧蓝，云朵如絮，在通透的阳光下白得发亮，光影在广袤的山峦和谷地之间投射并流转，一派天光云影共徘徊的景象。

越往上行，坡度越陡，积雪也越来越深。山风冰冷，体力消耗极大，再加上头痛等高原反应，人体的感受非常不适。向导尚别却若无其事，还示意我们先往上走，他要到不远处的山坡上去照看一下他的牦牛。

出发四个小时后，终于到达距离山口最近的一个背风平台处，那里有些大石头，我们稍事休息，加了衣服，吃了些东西。山口看似近在咫尺，尚别却说走过去还要一个小时。从以前翻越纳兹塔什等山口的经验来看，尚别的话是有足够依据的，山上的距离凭肉眼确实难分远近，而且在高海拔地区行走非常困难，更何况去往山口的路又全是积雪。当时已是下午六点钟，尚别示意我们看远处的山峰，灰色的云气正在顶部聚集，一场风雪很可能就快来临。理智的考虑之后，我们决定下撤。等回到停车地点，已经是两个小时之后了，回望山顶，已被笼罩在浓重的阴云之中，风雪可能已经袭击了我们刚才所在的位置。

在山坡上时，始终有“轰隆隆”的声音作响，四处寻找才发现是另一个山坡上的压路机正在作业，看来坎达尔山口很快就要结束没有公路的时代，从玄奘至今的徒步翻越即将宣告终结。此后我又数次来到这里，公路已经修通，车可以开到靠近山口的地方，因此攀登到山口顶部相对容易得多。

2020 年 7 月 12 日，当我第三次来此，发现这条矿山公路已经废弃，无法通行。

2014 年 8 月 31 日拍摄的“大石崖”（坎达尔山口），应该是有史以来“大石崖”的第一张照片，至少我没有见过比它更早的照片

2017 年 7 月 24 日，攀登坎达尔山口，遭遇大风雪

第三节
见证玄奘取经的唯一生命

玄奘越过坎达尔山口后，自“大崖东北，逾岭履险，行二百余里，至奔穰舍罗”。这一段路程玄奘走得惊心动魄，途中遇到一群强盗打劫，戒日王送给他的大象惊慌失措，跌落水中溺死，经书也有损毁。这就是小说《西游记》中唐僧师徒取经所经历的第八十一难的原型。

玄奘沿途经过的河是特都拿河，一路沿河东北行，走到它与孜拉甫夏河（突厥语，意为“铺满黄金的河”）交汇处，两河汇成的河流称为大同河。春天枯水季时，整个山谷堆满鹅卵石，河水变成可以一步跨过的涓涓细流。河谷中绿色不多，只有山脚下的民房附近可以见到一些细细的白杨。

所以，巨大杨树的出现就特别震撼。它的树干粗壮如小屋，老枝擎天，树冠阔达十余米，静静地矗立在河谷中央的两河交汇处，背景是高大的雪山，粗大的树根深深地抓住鹅卵石下方的泥土，杏黄色的小叶在树冠上密密匝匝，顽强的生命力令人慨叹不已。它幸运地生在了这片河流交汇的土地上，成功地避开了数千年来一次又一次的灾难，才能有幸目睹身边的沧海桑田。

2013 年 4 月 17 日早晨，我的目光几乎是刚一掠过它，就被它吸引住了。它那巨大的身躯告诉我，它很可能与玄奘有过某种交集。所在地名为阿克托尕兰干（白骆驼驿站），村民说，这是棵山杨树，估计已有三千多年树龄。此树的学名为“阿富汗杨”（Populus afghanica），为杨柳科杨属的植物，广泛分布在中亚南部、伊朗、阿富汗、巴基斯坦以及与中国新疆交界的帕米尔高原边缘的海拔 1400 米至 2800 米的地区，常生于低山至高山河谷，比如中国境内的塔什库尔干河、叶尔羌河、大同河等，目前尚未有人工引种栽培。

它的年龄并不难推测，我试着丈量它的直径，可惜当时没带皮尺，只好靠人力合围，最后八个人才勉强将它合抱，以后又多次来过，测量后发现树的围径达 12.5 米，不仅是新疆发现的最大的阿富汗杨树，甚至是新疆最大的树。我提出这个假说已经有好几年，但迄今还没有被否证。

那么，玄奘应当也和我一样，看到了这棵伫立于河谷中的大树，那时它已在此地等候了一千六百多年。它是现存唯一见证玄奘取经的生命。玄奘很有可能曾坐在树下休息，饮过清凉的河水。

2020 年 7 月 13 日，当我第五次拜访这棵杨树，遇上几位当地的塔吉克老人，他们现在都已经知道“唐僧”曾经从此树下路过，他们也都曾经和唐僧一样翻越过“大石崖”，去往塔什库尔干，以及沿着同样的路线东下葱岭前往莎车。

见证玄奘取经的杨树 2013 年 4 月 17 日初见

2018 年 7 月 11 日航拍杨树

第四节
月光难以照到的地方：奔穰舍罗

终于到了揭晓谜底的时候，在喀什我与陈丽部长不约而同说出的那个名字，便是玄奘离开大杨树后，即将抵达的塔什库尔干县大同乡。

大同乡所在的阿依克日克村，塔吉克语意为“月光难以照到的地方”。大同乡的地形确实如此，四山环抱，清晨的阳光只能照射在山顶，山壁以下都是阴影；晚上山影魆魆，只见月亮，却很难看到月光落地。玄奘说“葱岭东冈，四山之中，地方百余顷，正中垫下”，唐代的“百余顷”相当于现在几千亩的平地，符合这个地貌和面积大小的，在葱岭东冈一带，只有大同乡。当地人从石头城东南行三天可到坎达尔山口下，从坎达尔山口东北行至阿依克日克村需要两天，与玄奘的里程也完全吻合。

大同河谷平坦宽阔，多杏树。四月，河谷中杏花胜雪，一树一树绽放在村口路边，塔吉克妇女带着一脸淳朴善良的微笑，抱着孩子站在土墙后，此情此景，我仿佛误入了桃花源。葱岭东冈、西冈海拔相近，习俗类似，四月东冈杏花绽放，七月西冈杏子飘黄，我可谓既饱了眼福，又饱了口福。想来玄奘走过时，虽然不可能欣赏到此地的杏花，但一定品尝过酸甜可口的杏子吧。

“奔穰舍罗”是梵语 punyasala，意为“福舍”，即给旅客行人提供免费食宿的地方。《大唐西域记》中记载了“福舍”的来由。这个地方冬夏积雪，风飘寒劲，商旅从这里经过时，都觉得苦寒艰险。过去有一个大富商，带领上万仆从和几千匹载货的骆驼往来运送货物，一次遭遇风雪，人和牲口都死了。那时朅盘陁国中有个大罗汉，通过法术预见到这些即将发生，想去拯救他们于危难之中。可等他赶到时，商人已经死了。于是大罗汉就收集商人遗留下的珍宝，构建馆舍，买下邻国的土地，赈济往来的客人。所以后来的行人商旅，都蒙福舍布施。从玄奘这段话中可见，当时这段路上往来商旅非常频繁，有的规模还相当大。

奔穰舍罗的杏花

阿依克日克，月光难以照到的地方，阳光也一样

第七章

风雪相继，东下葱岭

顺着艾亚河而下，越过达木斯乡，玄奘便来到宽阔美丽的叶尔羌河畔，在这条泛着金光的河边濯衣浴足，从此离开雪山河谷纵横的葱岭，步入大漠黄沙和连绵的绿洲。

第一节
何处乌铩国?

斯坦因认为乌铩国包括叶尔羌（今莎车县城）和英吉沙，他相信玄奘从齐奇克里克高原东行翻越海拔 3989 米的托里亚特山口（Toriart Pass）至其里拱拜孜，然后北行翻越海拔 3898 米的喀什卡苏山口（Kashkasu Pass）[1]，继续北行到英吉沙。[2] 这条路线确实是石头城—英吉沙—喀什传统路线，我于 2013 年 4 月、2014 年 6 月、2015 年 4 月三次对其进行过考察，包括了沿线所有的山口与路段[3]。但是这条路线不仅不符合玄奘先东南行再东北行到奔穰舍罗的方向，也不符合“从此（奔穰舍罗）东下葱岭东冈……行八百余里，出葱岭，至乌铩国”的方向。即使真如斯坦因推论，乌铩国包括了英吉沙，这条翻越喀什卡苏山口前往英吉沙的路线的方向也是向北，而不是向东，因此无论乌铩国在何处，玄奘都不可能走这条不符合“东下葱岭”方向的路线。

在帕米尔高原东侧，由北向南共有三大块绿洲：喀什、英吉沙、莎车，而唯一符合从石头城东下方向的只有莎车绿洲，因此乌铩国必在莎车绿洲无疑。

儒莲认为乌铩国在今吉尔吉斯斯坦境内的奥什(法语“Och”,英语“Osh”),

坎宁安认为在英吉沙 (Yangi-Hisar)，玉尔认定在瓦恰谷地 (Vachcha Valley，今瓦恰乡）[4]。玄奘的记录“乌铩国周千余里，国大都城周十余里，南临徙多河”，完全符合莎车南临叶尔羌河的情况，而英吉沙远在叶尔羌河西北 100 多公里处，奥什、瓦恰则相距更为遥远。另外，玄奘离开乌铩国“从此北行，山碛旷野五百余里，至佉沙国”，而英吉沙与佉沙国所在的喀什，现代公路的距离不过 70 公里，路程相差悬殊，奥什在喀什以西，瓦恰在帕米尔高原深处，地貌、方位、距离也都不符合，而喀什正在莎车以北，现代公路距离约 200 公里。由于当时欧洲人还没有对现在中国境内的帕米尔高原进行过实地考察，所以他们的判断与实际偏差很大（包括玉尔认为奔穰舍罗位于其里拱拜孜），与他们对已经考察过的境外路线的论证形成了鲜明的反差，这也说明缺乏实地考察，仅仅依靠二手的纸面资料对地点、路线进行从纸面到纸面的推理论证，难免会差之毫厘，谬以千里。

综上所述，乌铩国在今天的莎车绿洲当属无疑，因此斯坦因认为的玄奘路线，从方向、里程、目的地三个方面，都不符合玄奘本人的记录与实际的地理状况。

《大唐西域记》记录乌铩国“然能崇信，敬奉佛法。伽蓝十余所，僧徒近千人，习学小乘教说一切有部”，当年莎车绿洲也是佛教国度，迄今县城中仍然保存有一座高大佛塔遗址，想必玄奘在此拜谒过，它成为玄奘翻越葱岭的终点象征。

1 托里亚特山口，坐标：北纬 38°7'37.54"，东经 75°42'59.83；喀什卡苏山口，坐标：北纬 38°11'20.85"，东经 75°45'33.57"。

2 [英] 斯坦因《古代和田：去中国新疆从事考古和地形考察的详细报告》，第 41—44 页。和他的《西域考古记》(*Serindia: detailed report of explorations in Central Asia and Westernmost China: carried out and described under the orders of H.M. Indian Government*)，第 1 卷，第 78—80 页。

3 具体路线参见《丝绸之路地理信息系统》。

4 儒莲翻译的《大唐西域记》(法文版)，第 2 卷，第 126 页。[英] 亚历山大 · 坎宁安《对中国僧侣玄奘的旅行验证：七世纪上半叶基督教时代玄奘在阿富汗与印度行程考实》。参见 [英] 亨利 · 玉尔《奥瑟斯河河谷地理》，第 18 卷。

莎车县城的佛塔

第二节
俯瞰两条丝路的“黑大爷城”

从文献和实地两方面考证玄奘“东南行”至奔穰舍罗，并不是从一开始就这样清晰。十九世纪欧洲探险家们的观点无一与我相同，他们定位的“奔穰舍罗”虽然也在古代的交通要道上，却与玄奘的方向相背离。我很疑惑为何他们一致忽略了“东南行”与“大石崖”这两个非常明确的方向与地标，而导致了最终的错误。但即便如此，我依然前去考证了他们与我不同的定位，这不仅是为了从实地考证来否定这些判断，也是为了考察清代驿道和丝绸之路不同路段的通行情况。

1873 年，玉尔认为奔穰舍罗在其里拱拜孜，但它的方位、里程完全不符合玄奘的记录[1]。

丝绸之路南道有三条主要支道 :

一是喀什—英吉沙道，它向南经喀什卡苏山口、其里拱拜孜，再经托里亚特山口、齐奇克里克山口到达石头城 (今塔什库尔干县城、清代蒲犁厅城)。

二是叶尔羌—蒲犁驿道，它从旧称叶尔羌的莎车向西到吉什尔山口折向南，再经过喀喇山口折向西至恰尔隆，在其里拱拜孜与喀什—英吉沙道会合到达旧称蒲犁的石头城。

三是玄奘葱岭东冈道，它从石头城向东南经过乌古里亚特山口、坎达尔山口，再折向东北至大同乡，然后向东跨过叶尔羌河，经今库如克兰干村翻越库尔干山口，抵达莎车。

三条支道从东部塔里木盆地登上帕米尔高原抵达石头城后，向南到达公主堡附近，再折向西到达卡拉其古河谷，河谷南、北、西三向分布着一些丝绸之

90

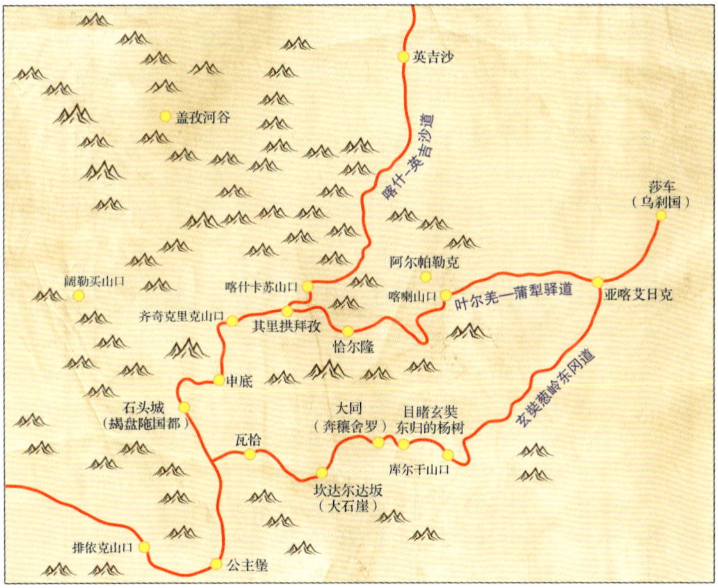

东下葱岭的三条主要路线 资料来源：侯杨方《丝绸之路地理信息系统》

1 [英]亨利·玉尔：《玄奘吐火罗斯坦考察记录：一些地理学概念的再思考》。

路的重要山口。现代公路建成之前，这三条道路一直是中国境内帕米尔高原的主要交通路线。这三条古道我均全程实地考察过。

考察时，我向队员们和随行记者解释其里拱拜孜的地理位置，说它就像上

91

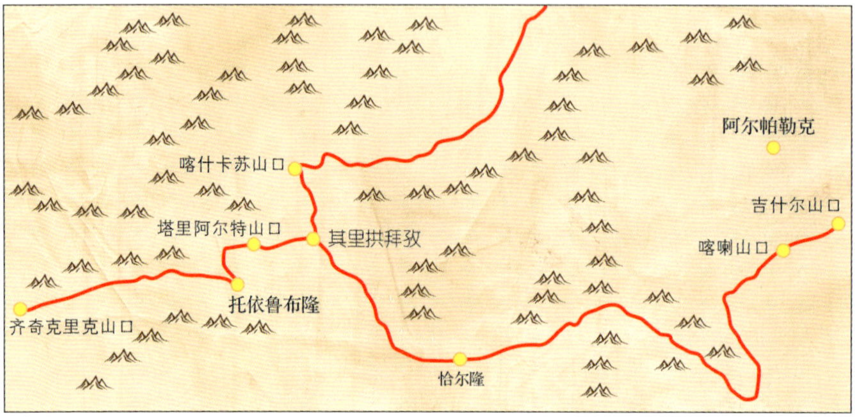

其里拱拜孜位于两条丝路的交会处

海的人民广场，是多条道路汇聚的地方，四通八达。从地图上可以清晰地看到其地理位置的重要性。

正因如此，在两条丝路交会处的山坡上曾构筑了哨卡扼守要道。至今山坡上还留有一个方形的城堡遗迹，当地人把它称作“黑大爷”，意即“中国城”。可见当年这里早有汉唐军队驻扎，实际历史已不可考。但令人极为惊异的是，这个“中国城”起码是一千二百多年前的唐朝城堡，当地人竟然口耳相传了几十代人，除了十九世纪 60 年代英国叶尔羌探险队记录外，还没有发现任何其他的文字记录。

考察前资料准备阶段，我用谷歌地球搜索这一带的地形时，清晰地看到山

其里拱拜孜和山梁上长方形的“中国城”

坡上有一个四方形的印记，感到非常奇怪，不知其为何物。第一次实地考察时，我在很远处就看到了山坡上的这座四方城。它宽约 100 米，长约 150 米，除一圈低矮的、还算完整的围墙，别无任何其他遗存。“中国城”下方有一所小学，校长非常热情，介绍了不少情况。我也学到了一个在书本上没学到的知识，原来在柯尔克孜语中，“苏”意为季节性的河流，而“达里雅”则表示终年有水的河流。

其里拱拜孜在石头城的东北方，现在是一个村庄，规模不大，从当地的面积来看，与玄奘所说“地方百余顷”的“奔穰舍罗”不相符合，也并非“四山环抱，正中垫下”的地形。虽然坐落在群山之中，却没有合围环抱的感觉，并且从石头城到这里是“东北行”，这些均不符合玄奘的记载。

1907 年，斯坦因认为玄奘离开石头城后“东北行”二百余里至奔穰舍罗，因此他将奔穰舍罗定位在石头城东北的齐奇克里克高原[1]。我非常奇怪他为何在方向上南辕北辙，完全忽视了玄奘在“东北行”前所记的先“城东南行三百余里，至大石崖”。斯坦因利用的是《大唐西域记》的儒莲法译本和比尔英译本，最初我怀疑是翻译的问题，但在阅读了斯坦因所引的这两个译本相同的版本、相同的页码以及相应的段落后，发现翻译忠实于原文，并没有错误[2]。

我又怀疑他可能是受了《法师传》的影响。《法师传》的记述是“城东南行三百余里，至大石壁……法师在其国停留二十余日。复东北五日，遇群贼”。与《大唐西域记》不同的是，它完全没有写玄奘重点记录、描述的奔穰舍罗，并且两段前后行文不畅。《法师传》是玄奘去世后其弟子所撰，而《大唐西域记》

1 齐奇克里克高原 (Chichikilik Plateau)，坐标：北纬 38° 2'55.21"，东经 75°22'46.97"。

2 [英] 斯坦因：《古代和田：去中国新疆从事考古和地形考察的详细报告》，第 39 页。参见塞缪尔·比尔翻译的《大唐西域记》(英文版)，第 2 卷，第 214—215 页。

是玄奘亲撰，因此当二书的行程记录有矛盾时，应以《大唐西域记》为准。此处的差异，我怀疑是传抄中有所错漏所致。即便如此，《法师传》也表明了玄奘在离开石头城后是先东南行、再东北行，那么为何斯坦因会忽视前者？

《大唐西域记》的儒莲法译本与比尔英译本都忠实地译出了原文[1]，但这当中有一处玄机，很有可能是造成斯坦因判断失误的原因。在中文版中，东南行和东北行的记录仅隔一个《石室有二僧》的故事，两三行字而已，但在法译本中，“东南行”在第214页上，“东北行”则在第214页最后一行与第215页的开头几行，儒莲在其间插入10行其他内容的文字。很有可能是这个阴差阳错“坑”了斯坦因一把。

斯坦因一直到1942年在阿富汗喀布尔去世，也没有意识到这个持续了40年的错误。

1 参见［法］塞缪尔·比尔翻译的《大唐西域记》（英文版），第2卷，第303页。

214 VOYAGES DES PÈLERINS BOUDDHISTES.

Indes venaient le voir et lui assignaient le premier rang. Il avait composé plusieurs dizaines de traités (*Çâstras*), qui étaient fort répandus, et que tout le monde étudiait. C'était lui qui avait fondé l'école appelée *King-pou* (l'école des Sâutrântikas).

A cette époque, dans l'orient, on remarquait *Ma-ming* (Açvaghôcha); dans le midi, *Ti-p'o* (Dêva); dans l'occident, *Long-meng* (Nâgârdjouna); dans le nord, *Thong-cheou* (Koumâralabdha). On les avait surnommés *les quatre soleils qui éclairent le monde*. C'est pourquoi le roi de ce royaume, ayant entendu parler de la vertu éclatante de l'Honorable (*Thong-cheou*—Koumâralabdha), leva une armée, fit marcher ses troupes pour attaquer le royaume de *Ta-tch'a-chi-lo* (Takchaçilâ), et s'empara de lui par la force des armes. Il construisit ce couvent, et fit éclater l'admiration qu'il lui inspirait.

Après avoir fait environ trois cents li, au sud-est de la ville, il arriva à une grande montagne, sur les flancs de laquelle on voyait deux chambres, creusées dans le roc, qui renfermaient chacune un *Lo-han* (Arhat), plongé dans l'extase complète. Ils étaient assis, dans une position droite, et il était difficile de les faire remuer. Leur corps était comme celui d'un homme maigre, leur peau et leurs os avaient échappé à la corruption. Quoiqu'ils fussent là depuis plus de sept cents ans, leur barbe et leurs cheveux continuaient à pousser; c'est pourquoi, chaque année, les religieux rasaient leurs cheveux et changeaient leurs vêtements.

Au nord-est d'un grand rocher, il franchit des pas-

MÉMOIRES DE HIOUEN-THSANG, L. XII. 215

sages de montagne, marcha à travers des précipices, et, après avoir fait environ deux cents li, il arriva à la maison de bienfaisance appelée *Pun-jang-che-lo* (Pounyaçâlâ)[1].

Au centre de quatre montagnes, qui font partie de la chaîne orientale des monts *Tsong-ling*, il y a un terrain qui a environ cent *k'ing* (mille arpents chinois). Au milieu, comme au bas, on y voit, en été et au printemps, d'énormes amas de neige, et il y règne des tourbillons de vent et un froid glacial. Les champs sont imprégnés de sel; les grains n'y réussissent pas. Les arbres manquent complétement, et l'on ne voit que quelques herbes chétives. Même à l'époque des grandes chaleurs, il y a beaucoup de vent et de neige. A peine les voyageurs sont-ils entrés, qu'ils se trouvent au milieu des vapeurs et des nuages. Les marchands qui vont et qui viennent souffrent cruellement dans ces lieux difficiles et dangereux. Voici ce que racontent les vieillards :

« Jadis il y avait une troupe de marchands, au nombre d'environ dix mille, qui, avec plusieurs milliers de chameaux, transportaient des marchandises et couraient après le profit. Ils furent assaillis par le vent et la neige, et périrent tous avec leurs bêtes de somme.

« A cette époque, il y avait dans le royaume de *Khie-pouan-t'o* (Khavandha?) un grand *Lo-han* (Arhat) qui les aperçut de loin. Touché de leur malheur, il voulut se servir de ses facultés divines pour les arracher à la mort. Mais au moment où il arriva près des marchands, ils

[1] En chinois, *Fo-che*. (Voyez page 174, ligne 3 et suiv.)

儒莲法译本《大唐西域记》相关内容，斯坦因正是看了这两页确定了玄奘“东北行”的路线

第三节
鲜花盛开的齐奇克里克

齐奇克里克高原被当地人称作“齐奇克里克曼丹”,“齐奇克里克”意为“鲜花盛开”,“曼丹”意为“高的平地”，即“鲜花盛开之地”，海拔 4370 米。我曾于 2014 年 6 月考察此地。从石头城出发，沿塔什库尔干河谷北行再东行至新迭村，然后顺着新迭河谷一路北行，翻越海拔 4480 米的柯克明纳克山口 (Kok Mainak Pass，蓝脖子山口)[1]，即到达齐奇克里克高原，从弃车步行开始，全程 17 公里，但同一天内原路折返，共约 34 公里，包括休息时间，共费时 11 小时。

我在路上恰好遇上一家从冬季草场往齐奇克里克夏季牧场转场的牧民。他们用毛驴驮着家当，带着三条狗前面开路，中间管理，后面监督整个驴队。这三条非常有灵性的狗前后撒欢地跑着，恪守职责，偶尔也开小差，但很快又会将趁机逃离的毛驴赶回队列，给我枯燥的徒步考察增添了许多乐趣，也让我亲眼目睹了当年丝路商队的真实行走状况——什么是丝绸之路？这就是真正的丝绸之路，但似乎没有研究论著提及狗的作用，而我在帕米尔上多次看到的转场，狗都是不可或缺的，是人类得力的助手，是人们用来管理驴和骆驼的中介助手。

由于当天我计划的是往返行程，所以里程加倍，这应该是我在帕米尔考察一天里走得最长、最辛苦的一次。地力所长及两个向导与我们一同前往，当地通常是走单程，进高原后就住在夏季牧场的牧民房子里，所以当天往返对他们也是一个不小的挑战。后来地力看向导们不想当天返回，就采取激将法说“咱们塔吉克人可不能输给汉人”，不过这个故事是他两年后告诉我的。

鲜花遍野、群山环抱的齐奇克里克高原，右侧即齐奇克里克山口，丝路由此转向东行。

齐奇克里克高原南北长约 7 公里，东西宽约 5 公里，近似椭圆形，四山环抱。由于海拔较高，气候苦寒，因此无人居住，只有牧民夏季放牧时临时居住的一两间房子。所以这里不可能有所谓的“奔穰舍罗”（福舍），也不符合“葱岭东冈”的定位。但由于斯坦因相信玄奘经过的奔穰舍罗就是齐奇克里克高原，因此他每次路过此地都会缅怀“我的中国守护神玄奘”(Hsüan-tsang, my Chinese patron saint)[2]。

这条路虽然不曾等来玄奘，却迎来过另一位著名的唐朝人：高仙芝。

大唐天宝六年（公元 747 年），高仙芝率领一万安西军，配备几万匹马，从疏勒出发，翻越葱岭，开始了一次史诗级的军事远征。远征军翻越的第一座山口是“青山岭”。几年后，“安史之乱”爆发，高仙芝被唐玄宗冤斩于潼关。

1 柯克明纳克山口，坐标：北纬 38° 1'20.82"，东经 75°22'59.68"。

2 [英]斯坦因：《沿着古代中亚的道路：简述中亚与中国西北部三次探险》（*On ancient Central-Asian tracks: brief narrative of three expeditions in innermost Asia and north-western China*），伦敦 1933 年，麦克米兰出版社（Macmillan），第 48 页。

沿着传统丝路，以传统方式转场的牧民

自疏勒西南入剑末谷、青山岭、青岭、不忍岭，六百里至葱岭守捉，故羯盘陀国，开元中置守捉，安西极边之戍。喝盘陀，或曰汉陀，曰渴馆檀，亦谓渴罗陀，由疏勒西南入剑末谷、不忍岭六百里，其国也。

——《新唐书·地理志》

“青山岭”即今其里拱拜孜向北的喀什卡苏山口，海拔3898米，是喀什通往塔什库尔干的传统道路，唐朝时的“国道”，其实直到今天，当地的居民仍然日常利用这条道路。

英国叶尔羌探险队、赫定、斯坦因等人都翻越过这个山口，现在它仍是当地村民日常使用的道路。1906年6月，斯坦因经过喀什卡苏山口顶部，拍摄了一张考察队的照片。一百多年相对于大自然只是一瞬间。我多次翻越喀什卡苏，每次都会在同一位置拍照留念。

2013年4月，其里拱拜孜小学校长帮助我们集齐了村里的五六辆摩托车，将考察队员们送到海拔3500米左右、喀什卡苏山口脚下的夏季牧场。山势陡峭，攀爬的过程非常困难。路上可以见到牛羊粪便，随时有旱獭在脚边出没。

后来，我又在2016年、2017年夏天两次从南坡翻越到北坡，最近一次是在2018年7月10日，我率领一行14人由喀什卡苏山口北坡徒步翻越，海拔提升近600米，然后由南坡一路下行，抵达其里拱拜孜，完全重走了高仙芝的行军路线。山口顶上是一大片无边无际的绿色草原，盛满了鲜花，是非常优越的夏季牧场，至此就可以完全明白唐人为何命名为“青山岭”。

喀什卡苏向石头城方向的下一个山口是托里亚特，即唐人所称的“青岭”，有盘山的羊肠小道，可乘摩托车前往。柯尔克孜小伙子们非常胆大，在这样崎岖的山路上，照样把摩托骑得风驰电掣，半个多小时即抵达山口，在山口顶部

95

1906 年 6 月 6 日斯坦因一行在喀什卡苏山口顶部

96

2018 年 7 月 10 日 我们一行在喀什卡苏山口顶部

可以向西远眺齐奇克里克高原。2014 年 8 月，我们从反方向乘摩托车登过托里亚特，同样非常陡峭。

这条路上最高、最艰险的一处地点无疑就是海拔最高的齐奇克里克山口，因此唐人非常精当地命名为“不忍岭”。

97

2017 年 7 月 25 日翻越托里亚特山口

第四节
东下葱岭，又见叶尔羌

离开奔穰舍罗后，玄奘“从此东下葱岭东冈，登危岭，越洞谷，溪径险阻，风雪相继，行八百余里，出葱岭，至乌铩国”。

2013 年初到喀什时，我拜访了当地学者马树康，他找出一本收藏多年的《文史资料》杂志，里面刊登有一篇对考察非常有价值的文章《大同日记》，作者是时任喀什地委书记的郭刚，这是他考察大同乡出山公路时撰写的文章。

《大同日记》记述了 1984 年郭刚从莎车县达木斯乡前往大同乡的路线，这正是玄奘从大同乡出帕米尔的反向道路。文中记载，从达木斯乡出发，走 45 公里山路后，抵达库尔干山口下，弃车上马，翻越山口。山道崎岖，狭窄陡峭，一些地方坡度有 60 度，山口海拔不高，约 3100 米，一个多小时即可翻越。越过山口后约 2 公里，到达苏盖提列克。

不要小看这一段路线的描述，它非常清晰准确地反映了里程、地貌和行走难度，是很实用的工具。实地走过并有明确里程和路况记录的线路资料非常稀少，做这样的记录并不容易，它要求记录者有清醒的头脑、专业的技能和较强的表达能力。后来，我回到乌鲁木齐以后，专程去郭刚书记家拜访，听他畅谈了近两个小时。他已经从新疆生产建设兵团政委的职务上退下来，精神矍铄，仍然非常关心边疆地区的安全和发展。

2013 年 4 月 17 日，我带领考察队从大同乡出发，前往库尔干山口，并徒步走到了库尔干山口西侧下方的苏鲁克奥夫。

山路蜿蜒曲折，岔道众多，进库尔干山口的路并不好找。下午 2 点，考察队经过叶尔羌河的古渡口所在的铁索吊桥，到达了河东岸开满杏花的库如克兰干村问路，顺便向村民讨开水泡面。塔吉克村民难得见到外人到访，特别热情，和队员们聊得很开心，还出借塔吉克的帽子和丝巾给女队员们拍照。美中不足的是，方便面不是一般的难吃，好在汤泡馕还算美味。

饭后，我们继续出发。村民所指的方向实在模糊难辨，司机几乎是凭感觉折进一条山谷。和刚才狭窄的山道完全不同，山谷里豁然开朗，开阔的谷地上遍布鹅卵石，中间有可供一辆车通行的土路。正纠结不定的时候，刚好看到路边一个可能正要回家的塔吉克妇女。我急忙上前问路，但显然她对我的话不明所以，问她库尔干山口在哪儿，她点头，手朝前指；再故意问她喀喇山口，她也是一样的反应。好在 GPS 上预先定好的库尔干山口位置越来越近，我们便一直向前开。

山坳阴冷，河里还结着冰。车不能再走了，于是弃车徒步。这时是傍晚 6 点 20 分。没走多久见到一户人家，本想请他们带路，但语言不通，一直没法沟通清楚，这家的男主人以为我们要翻到达木斯乡去，连连摇头。无奈，我们只好摸索着往前走。

先经过了一段阡陌纵横的农田，继而是一段冰河，厚厚的冰层正在融化，下方可见滚滚浊流，需要在冰河、山坡与碎石河道中穿梭行走。走到一个山的

叶尔羌河边的库如克兰干村

背阴处时，有一片巨大的冲积扇。走上去才发现脚下非常硬，没有普通路面的弹性，低头一看，才发现这是一块巨大的冰川。因终年不化，冰面上已覆盖了厚厚的土层。

越过冰体，远处山坡上出现一间房屋，背后是一个坡度平缓的山口，从GPS上来看，这个山口应该就是库尔干山口。房子空无一人，GPS显示这里是苏鲁克奥夫，距离库尔干山口约2公里。遗憾的是当时天色已晚，我们没有携带照明设备，无法再前行至山口，只得折返，但对路段状况已十分明了。

库尔干山口东面的达木斯乡，我曾在春夏两季前去考察。夏季时库尔干山口出达木斯乡的路上，艾亚河涨水，大水淹过了公路，无法前行。春季则水量很小，艾亚河下游河滩完全干涸，发源自帕米尔的叶尔羌河上游河床露出大片河滩。艾亚河发源自库尔干山口，在距离莎车县霍什拉甫乡政府500米处汇入叶尔羌河。

霍什拉甫乡周日有集市，在乡政府前的道路上边绵延数公里不绝，商品齐全，人声鼎沸。我们的车在人群中缓慢地推进，队员纷纷打开车窗看热闹，当地老乡和我们相互觉得对方很稀罕，车里车外都在好奇地张望。霍什拉甫乡在叶尔羌河岸边，河道边巨崖立壁，过去巨崖上部曾是叶尔羌河的河床，后河流下切，落到今天的位置。大自然鬼斧神工，造就各种雄奇的景观。河上撑起的皮筏十分新奇。河对岸绿树成荫，生机盎然，想来当年玄奘刚出葱岭，便看到满眼的绿色，一定倍感心旷神怡。

对面的绿洲是喀群乡，这里1989年发现了一个大型的汉代墓葬群，面积达9000平方米。墓葬出土的棺木内壁有双龙戏珠和幼童图案的彩绘，棺内遗体尚未腐烂。古墓群是地区级文物保护单位，现存文物均保存在喀什博物馆。不远处还发现了一个唐代墓葬群。大型墓葬群的存在说明当地一直是繁荣的定

夏季的艾亚河谷，向西望

居点,玄奘经过此地时,应该看到了墓群的夯土堆。但他对墓葬并没有太大兴趣,《大唐西域记》中少有记载。

玄奘顺着艾亚河而下，越过达木斯乡后，来到宽阔美丽的叶尔羌河畔，在河边濯衣浴足，渡河前往乌铩国。

前文已经说过，乌铩国就在今天的莎车。莎车沃野千里，风调雨顺，林木葱郁，花果繁盛，刚刚熬过帕米尔高原数月苦寒的玄奘立刻觉得神清气爽。

乌铩国周千余里，国大都城周十余里，南临徙多河。地土沃壤，稼穑殷盛，林树郁茂，花果具繁。多出杂玉，则有白玉、黳玉、青玉。气序和，风雨顺。俗寡礼义，人性刚犷，多诡诈，少廉耻。文字、语言少同佉沙国。容貌丑弊，衣服皮褐。然能崇信，敬奉佛法。伽蓝十余所，僧徒减千人，习学小乘教说一切有部。自数百年王族绝嗣，无别君长，役属朅盘陀国。

由这段话也可见朅盘陀国的地域范围之广，堪称当时帕米尔高原上首屈一指的大国。玄奘提到乌铩国“多出杂玉，则有白玉、黳玉、青玉”，叶尔羌河是著名的玉河，大同乡的玉石随着山洪泻下，山洪裹挟着玉石滚入叶尔羌河，至今在喀群段的河床还能找到玉石。

叶尔羌河汇聚了帕米尔的高山雪水，注入新疆的母亲河——塔里木河，可以说叶尔羌河是西域的生命之源。它与日本作家井上靖之间还有一段感人的故事。井上靖对丝绸之路和中国文化感情至深，一生曾 27 次来到中国访问考察，电影《敦煌》就是根据他的同名小说改编，我认为这是迄今为止表现敦煌最好的一部文艺作品。1978 年，他第一次随团来到莎车，情绪激动，强烈要求去不远处的叶尔羌河，陪同的外交人员上报后，终于批准。到达后，他按捺不住内心的激动，第一个下车，不顾严寒，久久凝视不忍离开。

达木斯乡叶尔羌河渡口的羊皮筏

莎车在西汉时为西域三十六国之一的莎车国，后来一直是丝绸之路上的重要交通枢纽，人口稠密、商贾云集。清初改称“叶尔羌”，乾隆平定大小和卓叛乱后，在此设置了叶尔羌办事大臣，道光年间又设置了莎车直隶州。清代《西域图志》称其“城周十余里，有六门”，仍是个繁荣的大城市。玄奘经过时，莎车有佛寺十余家，僧徒近千人，习小乘教说。玄奘作为一名海归高僧，曾在此开坛讲经，宣扬佛法。现在莎车县城东边的城墙边上，还留有玄奘在此讲经的墩台遗址，即朱具婆佛塔遗址，维吾尔族人称之为“努尔肉孜墩”或“和卓木墩”。墩台的存在见证了佛教文化在莎车的历史传承。1982 年新疆博物馆专业人员前去调查时，曾经在土堆底下发掘过百余枚宋朝前期的钱币。目前墩台仅存夯土遗迹，下方为圆形，直径约 6 至 8 米，高达 12 米，因风雨侵蚀，顶部逐渐削尖。

玄奘在乌铩国讲经数日，为他的帕米尔之行画上了一个圆满的句号，从此离开雪山河谷纵横的葱岭，步入大漠黄沙与绿洲连绵的塔里木盆地，继续一路东行，回到祖国大唐，并将写下一部伟大的著作——《大唐西域记》，也才有了千年之后，我写的这部文稿。

后记

2011年7月，我才第一次到达新疆，第一次到达帕米尔高原，而且当时完全是一个纯粹的观光客。

生活的惊喜就在于不可预料，不可计划。

7月31日，我从喀什奔赴帕米尔高原，一路上充满惊喜：在100多公里外就看到了高大如墙的高原，其上闪耀的是冰山；在红色的盖孜河谷目睹了雄伟的公格尔峰全貌，二者间的高度差竟然惊人地超过了6000米；待到上了高原，目睹了梦幻的白沙湖，那是斯文·赫定多次经过的地方；黄昏时分，慕士塔格阿塔竟然罕见地露出了其巨大半球体的全貌，并极为罕见地完美倒映在小喀喇库里湖中，第二天经过，它竟然又难以想象地镀上了一层粉红，仍然完美倒映在湖中；目睹了漫天大雪、青葱的河谷、湍急的塔什库尔干河、冰山的雪崩以及云海光影的变幻……这就是帕米尔。

一切难以想象的奇幻壮丽让我震惊，两天就拍了近两千张照片。当时我心里就想，帕米尔古称葱岭，丝绸之路经过这里，从一个户外运动爱好者的角度，当时我想知道丝路究竟经过哪一座山口，哪一条河谷，我很想重走一次，目睹玄奘当年见过的同样景象，体验同样的感受。

于是我翻阅了大量的论著，但，没有人告诉我答案。我又想，那不如我来从事这项工作，于是阅读了大量的中外文献，特别是玄奘的《大唐西域记》，十九世纪至二十世纪初西方帕米尔探险家荣赫鹏、寇松、斯文·赫定、斯坦因等人的著作，搜集浏览了数千幅各国的近现代军事地图。在做好充分的准备后，于2013年4月开始了第一次丝绸之路帕米尔段考察，一直到

慕士塔格阿塔　侯杨方拍摄于 2011 年 8 月 1 日

今天，足迹已经遍及境内外的整个帕米尔高原、河西走廊、罗布泊、中亚诸国、巴基斯坦、阿富汗、伊朗等国，一次偶然的旅行促成了我的研究转向。

生活中充满惊喜，只需要好奇与审美。

在帕米尔徒步翻越山口时，我随口说了一句话："学术从审美开始，以审美结束。"

希望本书能给大家带来审美和智力的愉悦。

侯杨方

2020年7月14日凌晨
写就于葱岭东冈"奔穰舍罗"塔吉克人家